智能应急技术

李 忠 李海君 赵 楠 程 永 编著

清华大学出版社
北京交通大学出版社
·北京·

内 容 简 介

人工智能在防灾减灾、应急管理等方面的应用越来越普及，智能化设备、技术的广泛应用，促成了智能应急技术的产生和发展。本书从应急大数据技术、应急云计算技术、应急物联网技术、应急通信技术、应急机器人技术、应急无人机技术、应急 3S 技术 7 个方面，介绍各种智能化应急技术的概念、发展历史，并结合防灾减灾信息化和应急管理信息化实践介绍智能技术在防灾减灾、抗灾救灾和应急管理方面的一些应用。

本书力求采用浅显易懂的语言，图文并茂的版式，向读者展示智能应急技术的内容及应用，可以作为防灾减灾、抗灾救灾和应急管理有关的科研、工程人员的参考书，以及高校应急类专业的教材。

本书封面贴有清华大学出版社防伪标签，无标签者不得销售。
版权所有，侵权必究。侵权举报电话：010-62782989　13501256678　13801310933

图书在版编目（CIP）数据

智能应急技术 / 李忠等编著. —北京：北京交通大学出版社：清华大学出版社，2022.11
ISBN 978-7-5121-4808-6

Ⅰ. ① 智… Ⅱ. ① 李… Ⅲ. ① 人工智能－应用－突发事件－公共管理－研究 Ⅳ. ① D035.29－39

中国版本图书馆 CIP 数据核字（2022）第 188935 号

智能应急技术
ZHINENG YINGJI JISHU

责任编辑：韩素华
出版发行：清 华 大 学 出 版 社　　邮编：100084　电话：010-62776969
　　　　　北京交通大学出版社　　邮编：100044　电话：010-51686414
印　刷　者：北京鑫海金澳胶印有限公司
经　　　销：全国新华书店
开　　　本：185 mm×260 mm　印张：11　字数：282 千字
版 印 次：2022 年 11 月第 1 版　2022 年 11 月第 1 次印刷
印　　　数：1～2 000 册　定价：39.00 元

本书如有质量问题，请向北京交通大学出版社质监组反映。对您的意见和批评，我们表示欢迎和感谢。
投诉电话：010-51686043，51686008；传真：010-62225406；E-mail：press@bjtu.edu.cn。

前　言

2018年5月12日，习近平向汶川地震十周年国际研讨会暨第四届大陆地震国际研讨会致信时指出："人类对自然规律的认知没有止境，防灾减灾、抗灾救灾是人类生存发展的永恒课题。"在人类社会发展的历次灾难中，我们对各种灾害有了越来越多的认识，如1960年智利大地震，1976年唐山大地震，2001年美国"9·11"恐袭事件，2003年非典疫情流行，2004年印度洋海啸，2008年汶川大地震，2015年天津滨海新区危化品大爆炸，2020年新冠病毒大流行，2021年郑州洪涝灾害等。在这些灾难带给人类巨大痛苦的同时，人类也在认识它们，更重要的是通过认识来阻止灾害的发生或降低灾害带来的损失。随着科技的发展，尤其是信息技术的发展，越来越多的新科技、高科技手段被应用于灾害监测与预警、灾害预防与消灭、应急救援与管理等领域，为人类避免灾害、战胜灾害提供了可靠方法。

随着2018年中华人民共和国应急管理部的成立，我国的应急管理体制已经由过去分散式的多方管理改变为由应急管理部组织牵头、各个业务部门共同参与的集中式管理模式，应急管理的重心开始走向"全灾种、大应急、大安全、全链条"的全过程管理时期，以解决"一案三制"体系"重应急响应，轻风险管理"的不足。在此背景下，将现代信息技术的最新成果应用于应急管理就成为必然。

20多年前，由于互联网的快速发展和广泛普及，人们希望通过互联网对若干必要的装备、设施等进行监测和监控，于是物联网技术得到了大力发展，并由此造成了海量数据存储和处理的问题；为解决海量数据处理问题，使得云计算和大数据技术兴起，这也直接推动了人工智能技术的再次研究热潮和推广应用。因此，相关部门开始把大数据技术、云计算技术、物联网技术、人工智能技术、5G技术等应用于防灾减灾、抗灾救灾和应急管理工作中，以应对新兴风险、极端灾害和跨界危机的挑战，满足人民群众日益增长的安全需求。

随着社会经济的不断发展，我国的科技水平不断提高，新时代社会发展的主要矛盾已经转化为"人民群众日益增长的美好生活需要和不平衡不充分的发展之间的矛盾"。因此，应急管理未来的发展方向就是满足人民群众日益增长的安全需要，这就要求大力提升我国应急管理的适应能力。按照最新的应急管理理论，应急管理包括四个阶段：事前、事发、事中和事后，每一个阶段都需要信息技术的高度参与。如事前阶段的演练、模拟、培训、监测，需要虚拟现实、数字预案编制、信息化培训、物联网技术监控等；事发阶段的灾情准确识别技术、快速预警技术、自动化实时处置技术等；事中阶段的应急通信技术、大数据分析技术、智能决策与指挥系统等；事后阶段的灾因溯源技术、场景模拟技术、灾损评估技术等，都需要信息技术的深度介入，于是提出了智能应急的概念。随着现代信息技术的发展和应用普及，大、智、云、物、移等信息技术将不断地影响人们的生活，尤其是关系到人类生命和财产的生产安全、生活防灾等领域，更要时刻进行监控和及时处置，避免灾难的发生或将灾难降低到最低程度。因此智能应急信息处理技术将在应急管理中发挥越来越重要的作用，这也是应急管理未来发展的重要方向之一。

所谓智能应急，就是利用物联网、大数据、云计算、无人机、机器人、现代通信技术及 3S 技术等信息化科技手段，辅助实现应急救援工作和风险评估工作，达到高效、可靠的救援目的。因此本书按照这些智能技术在应急处置中的应用进行组织和安排。

第 1 章主要介绍应急大数据技术，包括应急大数据的基本知识、应急大数据技术基础及应急大数据在应急救援中的应用等内容；第 2 章介绍应急云计算技术，包括云计算的概念、发展史，云计算原理及在应急管理中的应用等；第 3 章介绍应急物联网技术，包括物联网发展历程、有关技术基础、物联网技术在应急救援中的应用等；第 4 章介绍应急通信技术，从应急通信的概念、发展历程、技术原理及应急通信的应用展开；第 5 章介绍应急机器人技术，包括应急机器人的概念、机器人种类及工作原理、机器人未来发展等；第 6 章介绍应急无人机技术，从无人机技术、工作原理及在应急救援和应急管理中的应用展开；第 7 章介绍应急 3S 技术，从 3S 概念、应急遥感、GPS 和 GIS 及在应急管理中的应用等方面展开。

在本书编写过程中，洪利教授、姜纪沂教授、唐彦东教授、连会青教授、焦贺言博士提出了一些很好的建议；多名研究生帮助查找资料、文字编排和绘制图表，他们是杨旭明、杨百一、张富志、张明杰、李通、胡涵宇、雷东兴、刘智栋、孙瑞婷、李楠、赵一明和张宇征。本书在编写过程中参考了大量的前人研究成果，出版时得到了清华大学出版社、北京交通大学出版社的大力支持，在此一并表示衷心的感谢。

由于编者水平所限，差错在所难免，敬请各位读者批评指正。

编 者
2022 年秋

目 录

第 1 章 应急大数据技术 ··· 1
1.1 应急大数据的概念 ··· 1
1.2 应急大数据的发展 ··· 3
1.2.1 第三次信息化浪潮 ····································· 4
1.2.2 大数据发展历程 ······································· 5
1.3 大数据的思维变革 ··· 6
1.4 应急大数据的价值 ··· 7
1.5 应急大数据技术基础 ··· 8
1.5.1 大数据处理架构 Hadoop ································ 9
1.5.2 应急大数据计算框架 ·································· 11
1.5.3 应急大数据存储 ······································ 11
1.6 应急大数据技术应用案例 ···································· 16
1.6.1 应急大数据技术在事前阶段的应用 ···················· 16
1.6.2 应急大数据技术在事中阶段的应用 ···················· 18
1.6.3 应急大数据技术在事后阶段的应用 ···················· 22
1.6.4 应急大数据技术在智慧消防领域的综合应用 ············ 24
思考题 ·· 28

第 2 章 应急云计算技术 ·· 29
2.1 应急云计算的概念及其发展 ·································· 29
2.2 应急云计算的类型及特点 ···································· 30
2.2.1 应急云计算的类型 ···································· 31
2.2.2 应急云的主要特点 ···································· 31
2.3 应急云计算的体系结构 ······································ 32
2.3.1 访问层 ··· 33
2.3.2 应用接口层 ··· 34
2.3.3 基础管理层 ··· 34
2.3.4 存储层 ··· 34
2.4 应急云计算核心技术 ··· 35
2.4.1 云存储技术 ··· 35
2.4.2 海量数据管理技术 ···································· 36
2.4.3 虚拟化技术 ··· 36

    2.4.4　云计算平台管理技术·················37
  2.5　应急云计算应用案例···························37
    2.5.1　云计算在煤矿应急管理中的应用···············37
    2.5.2　智慧消防云平台·····················43
  2.6　应急云计算存在的问题及未来展望·······················50
  思考题··································51

第3章　应急物联网技术·······························52
  3.1　应急物联网技术发展现状···························52
    3.1.1　国外应急物联网发展现状··················52
    3.1.2　我国应急物联网发展现状··················53
  3.2　应急物联网含义·······························54
    3.2.1　应急物联网系统的组成···················54
    3.2.2　应急物联网关键技术····················55
  3.3　应急物联网系统及应用场景··························57
    3.3.1　智能应急物联网监测预警平台·················57
    3.3.2　在线感知························57
    3.3.3　自动预警报警······················58
    3.3.4　智能分析························58
    3.3.5　指挥调度························59
    3.3.6　现场救援························59
  3.4　物联网技术在应急救援中的应用························59
    3.4.1　灾前预警························59
    3.4.2　灾中救援························61
    3.4.3　灾后评估························62
  3.5　应急物联网应用案例·····························63
    3.5.1　基于情景的矿井水灾救援系统·················63
    3.5.2　消防物联网·······················69
  3.6　应急物联网未来展望·····························75
  思考题··································76

第4章　应急通信技术·······························77
  4.1　应急通信概念及发展·····························77
    4.1.1　应急通信概念······················77
    4.1.2　应急通信发展概述·····················78
  4.2　应急通信技术的分类·····························82
    4.2.1　有线应急通信技术·····················82
    4.2.2　无线应急通信技术·····················83
    4.2.3　混合应急通信技术·····················85

4.3 应急通信应用案例 ··· 87
　　　　4.3.1 无线对讲机系统 ··· 87
　　　　4.3.2 无人机 MESH 自组通信网 ·· 89
　　4.4 应急通信发展趋势 ··· 90
　　思考题 ·· 91

第 5 章 应急机器人技术 ··· 92
　　5.1 应急机器人概念及分类 ··· 92
　　　　5.1.1 应急机器人概念 ··· 93
　　　　5.1.2 应急机器人的分类 ··· 93
　　5.2 机器人工作原理与技术分析 ··· 95
　　　　5.2.1 机器人工作原理 ··· 96
　　　　5.2.2 救援机器人技术分析 ··· 98
　　5.3 几种应急救援机器人介绍 ··· 100
　　　　5.3.1 搜索救援机器人 ··· 100
　　　　5.3.2 运载救援机器人 ··· 103
　　　　5.3.3 多任务救援机器人 ··· 105
　　5.4 应急机器人发展趋势 ··· 107
　　　　5.4.1 救援机器人智能化 ··· 107
　　　　5.4.2 机器人软硬件冗余化 ··· 108
　　　　5.4.3 多机协同救援能力 ··· 108
　　思考题 ·· 108

第 6 章 应急无人机技术 ··· 109
　　6.1 应急无人机发展及特点 ··· 109
　　　　6.1.1 应急无人机的发展史 ··· 110
　　　　6.1.2 应急无人机的特点 ··· 113
　　6.2 应急无人机工作原理 ··· 114
　　　　6.2.1 无人机系统的基本结构 ··· 114
　　　　6.2.2 无人机系统的工作原理 ··· 115
　　6.3 应急无人机的应用案例 ··· 115
　　　　6.3.1 灾前监测预警 ··· 115
　　　　6.3.2 灾中救援与指挥调度 ··· 117
　　　　6.3.3 灾后修复重建 ··· 121
　　6.4 应急无人机的发展趋势 ··· 122
　　　　6.4.1 更加智能化 ··· 122
　　　　6.4.2 协同性更强 ··· 122
　　　　6.4.3 续航时间更长 ··· 122
　　　　6.4.4 新型复合材料的应用 ··· 122

III

  6.4.5 管理规范化 ··· 123
 思考题 ··· 123

第7章 应急3S技术 ··· 124
 7.1 应急3S技术介绍及发展 ··· 124
  7.1.1 应急3S技术介绍 ··· 124
  7.1.2 应急3S技术的发展 ··· 126
 7.2 应急遥感技术 ··· 127
  7.2.1 应急遥感分类 ··· 128
  7.2.2 应急遥感系统的组成 ··· 129
  7.2.3 应急遥感的主要特点 ··· 130
  7.2.4 应急遥感系统的应用 ··· 131
 7.3 应急地理信息系统 ··· 134
  7.3.1 应急地理信息系统的组成 ··· 135
  7.3.2 应急地理信息系统的功能 ··· 135
  7.3.3 应急地理信息系统的分类 ··· 138
  7.3.4 应急地理信息系统的主要特点 ··· 139
  7.3.5 应急地理信息系统的应用 ··· 139
 7.4 全球定位系统 ··· 142
  7.4.1 全球定位系统的组成与工作原理 ··· 143
  7.4.2 全球定位系统的分类 ··· 144
  7.4.3 全球定位系统在应急领域的应用 ··· 147
 7.5 3S技术在应急管理中的应用 ··· 148
  7.5.1 事前——预防准备与监测预警 ··· 149
  7.5.2 事中——估灾救灾与应急响应 ··· 150
  7.5.3 事后——恢复重建与经验总结 ··· 152
 7.6 应急3S技术未来展望 ··· 153
 思考题 ··· 154

思考题参考答案 ··· 155

参考文献 ··· 165

第1章 应急大数据技术

我国是灾害大国,每年因各种灾害造成的人员伤亡和经济损失都很巨大。国家应急管理部发布的数据显示,2022年上半年,我国自然灾害以洪涝、风雹、地质灾害为主,干旱、地震、低温冷冻和雪灾、森林草原火灾等也有不同程度发生。各种自然灾害共造成3 914.3万人次受灾,因灾死亡失踪178人,紧急转移安置128.2万人次;倒塌房屋1.8万间,损坏房屋28.7万间;农作物受灾面积3 618.9千公顷;直接经济损失达888.1亿元。除自然灾害外,事故灾害、公共卫生安全事件带来的破坏也不小,例如,新型冠状病毒肺炎疫情的持续暴发、湖南省长沙市望城区"4·29"特别重大居民自建房倒塌事故、贵州黔西南州三河顺勖煤矿"2·25"重大顶板事故等,这些灾害事件对我国应急管理水平和处置能力都提出了巨大挑战。

随着互联网、社交媒体和人工智能技术的发展和应用普及,大数据技术在应急管理中发挥的作用将越来越重要,应急大数据技术是应急管理未来发展的重要方向之一。大数据技术是目前信息技术中最重要的技术之一,已经深入到人类生活的方方面面,在应急防灾领域的应用成为一种必然,其价值也得到了充分体现。大数据在政府应急管理中的应用价值主要体现在以下几个方面。

(1) 对政府进行应急管理提供基础数据资源。
(2) 拓宽应急决策者的主体构成,提高其数据思维能力。
(3) 提升应急决策对象的反应能力。
(4) 辅助应急决策者确定具体目标和制订合理方案。
(5) 加强应急决策执行效果和监督应急目标的快速实现。

大数据技术与我国应急管理的总体思路和发展方向具有很强的契合度,因此发展大数据技术在我国应急管理中的应用,需要站在复杂适应系统的理论高度,才能提升应急管理适应能力。大数据技术在本质上是一种更高的信息能力,其核心是大数据分析,从体量大、多样化、价值密度低和动态性强的数据集中提取有价值的信息,识别社会现象之间的关联机制,发现隐藏其中的科学知识。

1.1 应急大数据的概念

应急大数据,其实质是来源于特定区域内随时产生的、与应急信息相关的海量资料(巨量信息),包括具体的监测指标、区域内的基础信息和历史发展资料、遥感图像数据等。在大数据时代,任何微小的数据都可能产生不可思议的价值。从大数据概念看,大数据是指需要利用新处理模式才能实现更强的决策力、洞察力和流程优化能力的海量、高增长率和多样化的信息资产,被称为具有广泛来源和不同信息的庞大数据群,具有实时、快速、多样、量大等内在特征。

人类社会的发展史是一部与各种灾害斗智斗勇的抗争史,一旦发生危及人类安全和财产安全的灾害,人们总是不遗余力地去搏斗!正如习近平所说:"人类对自然规律的认知没有止境,防灾减灾、抗灾救灾是人类生存发展的永恒课题。"现代社会,人类不再满足于被动应对各类灾害,而是采取自动监测、主动预防、努力救援的应急策略。在这个过程中,信息技术深度参与,产生了海量的灾情数据,种类繁多,形式多样,在应急需要时要求快速地处理海量数据,以便将隐藏其中的有价值的信息挖掘出来,提供给有关人员,便于正确决策和指挥,及时地抗灾救灾,最大化地保证生命和财产安全。

应急大数据的主要特点表现在以下几个方面。

(1)数据全面。几乎所有的数据都包含在内,这样就可以有效地避免因数据缺少而导致的特殊或片面的情况。"无事总觉信息多,有事方恨数据少",反映的就是应急领域的真实现象。从现代应急救援实践看,只要发生自然灾害、安全事故等问题,相关部门提供的各种各样的信息资料,对于决策者来说总是不够,一直提出"再多点""再找找""还有吗?"的要求。因此应急大数据涉及灾情的方方面面,是全面的数据资料。

(2)真实性。信息化时代的各类资料记录,都是真实场景的反映,尤其是涉及灾害监测、安全监控、应急救援等方面的信息,更是不能有半点掺假。实时监控和自动采集的数据,按照软件的流程及时地、真实地保存在数据库里,是不会造假的;遇到应急事件时,有关部门提供的各种历史数据也是真实可靠的,提供者不会拿自己的命运、前途甚至生命而作假。应急大数据来源于社会实践和日常生活的真实记录,它不是人们发明和创造出来的,数据是真实的。

(3)数量庞大。俗话说"防患于未然",以及"未雨绸缪",都是人类在生活、生产中防灾思想的真实写照。按照我国应急管理要求,重要单位、重点区域都要加强监控、监测,采取的手段有定时采集数据、实时视频监控、不定时地巡航拍照及调查、勘察等,这直接造成了相关区域的全天候、全方位的各类信息积累,形成了庞大的数据库,其量级以 TB、PB 甚至更高的单位计算。

(4)数据种类多样。由于应急大数据的全面,使得数据来源多样化,如日常的工作记录、建设图纸、公文文档、图片、视频、遥感图像、实时监控数据流、音频数据流、自媒体信息等,来自不同源头的数据汇聚在一起。而且各种数据的表现形式不一样,如文本文件、文档文件、电子表格、图像文件、视频文件、音频文件等。即使同一类文件,保存格式也有多种形式,如图像的 BMP 格式、JPG 格式、PNG 格式、GIF 格式、TIFF 格式等,音视频文件有 MPEG 格式、JPEG 格式、OMG 格式、WAV 格式、TM 格式、DAT 格式等,不一而足。

(5)价值密度高。应急大数据包含了各种类型的数据资料,蕴含对数据宿主有用的各种信息,既有应急救援需要的图纸设计、日常监控、灾情前线视频及图像等数据,也有监控预警、安全生产、往来文档等数据,其中包含了应急救援需要的建筑物信息、人员信息、财物信息、灭火器位置、防汛沙袋配置等,也有生产需要的客户关系、日志文件、用户记录等,价值密度非常高,几乎没有浪费的资源,所有的数据在一定程度上都是有用的。

(6)计算速度快。时间就是生命,这句话用在应急救援领域是最贴切的。在一个时间用秒计算的场景中,在一个生命和时间赛跑的场景中,数据处理的速度只有一个字:快!

所以要求应急大数据处理速度要快、再快！

应急大数据的主要特点如图1-1所示。

图1-1 应急大数据的特点

应急大数据技术是建立在海量数据基础上的数据管理和处理手段，通过大数据技术可以实现对海量数据的分析和管理，不仅可提高数据处理的精确性和全面性，同时也能基于技术角度确保数据信息存储的科学性和安全性。

1.2 应急大数据的发展

应急大数据的发展与大数据发展是密不可分的。其实在信息时代，任何事物、任何事件的联系都更加密切，人类发展和灾害出现是一对矛盾体，二者不相容。人类在不断地应对灾害的过程中，从被动变主动，于是采取了多种多样的应对手段，如密布监测点、安装监控视频设备、鼓励大家发挥自媒体功能记录信息并上传等，形成了应急大数据。

历经几十年的发展，信息化技术已经从最初的个人计算机发展到互联网、物联网时代，甚至智联网时代。相应地，数据量也在大大地增加，已经达到了ZB（Zetta Byte）量级，目前全世界一天产生的信息量相当于十年前一年的数据量。

下面是数据量度量单位的关系：

1 Byte（B）=8 bit

1 Kilo Byte（KB）=1 024 B

1 Mega Byte（MB）=1 024 KB

1 Giga Byte（GB）= 1 024 MB

1 Tera Byte（TB）= 1 024 GB

1 Peta Byte（PB）=1 024 TB

1 Exa Byte（EB）=1 024 PB

1 Zetta Byte（ZB）=1 024 EB

1 Yotta Byte（YB）= 1 024 ZB

1 Bronto Byte（BB）=1 024 YB

1 Nona Byte（NB）=1 024 BB

1 Dogga Byte（DB）=1 024 NB

1 Corydon Byte（CB）=1 024 DB

1 Xero Byte（XB）=1 024 CB

其中，位 bit（比特，binary digits）是存放一位二进制数，即 0 或 1，是数据最小的存储单位，以英文小写字母 b 表示。一个字节 Byte 是由 8 个二进制位 bit 组成，以英文大写字母 B 表示。

根据国际著名数据调查公司 IDC 在 2021 年的估计，全世界数据库里的数据量正在以每 20 个月翻一番的速度增长；知名互联网公司 Google 在 2021 年也指出，互联网上的 Web 页面数量已达到 1 百万亿张规模，而且每天正以 10 亿多张页面的速度继续增长，在读者看完这行字时又增加了约 70 万张 Web 页面！

随着大数据的发展，其中涉及防灾减灾、抗灾救灾和安全应急管理等方面的数据也水涨船高，大大增加，各种各样的自然灾害网站、安全防护网站、应急救援网站、消防安全网站等，网页数量数以亿计，相关的数据库数据量达到 PB、EB 量级，而且这个数据量、网页数量还在快速增加。

1.2.1 第三次信息化浪潮

按照 IBM 前首席执行官路易斯·郭士纳（Louis Gerstner）的观点，IT 领域每隔十五年就会迎来一次重大变革。自 20 世纪 80 年代以来，信息技术的发展共发生了三次信息化浪潮，每一次都以解决某些信息领域的重大问题为目标，形成了信息产业发展的特征标志产品，涌现出一大批具有代表性的企业和机构，在提高了生产力的同时，也改变了生产关系，改变了企业之间、企业与政府之间、政府与政府之间、国家与国家之间，甚至人和人之间的社会关系，直接或间接地推动了社会的发展和进步。三次信息化浪潮及有关信息见表 1-1。

表 1-1　三次信息化浪潮

信息化浪潮	时间	标志	解决问题	代表企业
第一次	1980 年前后	个人计算机	信息处理	Intel、AMD、IBM、Apple、Microsoft、DELL、HP、联想等
第二次	1995 年前后	互联网	信息传输	Yahoo、Google、阿里巴巴、百度、腾讯、华为等
第三次	2010 年前后	物联网、云计算和大数据	信息爆炸	Google、Facebook、Amazon、阿里巴巴、华为、腾讯、百度等

第三次信息化浪潮以物联网、云计算和大数据的发展应用为标志，以海量数据存储、智能手机、互联网+为载体，使得互联网的应用深入到各行各业，人类社会进入工业 4.0 时代。

在 1998 年，时任美国副总统的戈尔提出"数字地球"的概念，以计算机技术、多媒体技术和大规模存储技术为基础，以宽带网络为纽带，以多分辨率、多尺度、多时间和多种类的三维数据为特征描述地球，也就是利用数字描述地球，自此社会开始由传统的信息化进入数字化建设时代。在 1999 年，MIT 的 Ashton 教授提出了将射频设别+互联网技术、无线数据通信技术、感应器设备、全球定位系统等连接起来，构建一个实现全球物品信息实时共享的实物互联网（Internet of things，IoT，中文简称物联网）这一理念。进入 21 世纪后，各国政府提出了各自的物联网、互联网发展计划，推动数字化进入发展的高潮期，表现为若干行业开始数字化建设，如数字矿山、数字油田、数字国土、数字海洋等。之后由于便携式计算机、智能手机等智能终端设备的发展和应用普及，互联网+迎来了大发展，无线通信技术全面进入 4G（4th generation）时代，人类进入了智能化时代。智能化时代的标志是智能终端的普及应用，人们可以随时随地访问网络，浏览、下载或上传信息，速度越来越快，延迟越来越短，基本达到了实时水平。在此背景下，加上自媒体的发展，直接导致了"信息大爆炸"，信息存储需要采用分布式存储模式，数据量已经难以用"海量"来描述，于是提出了云存储、大数据、云计算的概念。在 2015 年后，以物联网、大数据、云计算、人工智能、5G 为代表，各国相继发布了各自的新一轮信息发展战略。基于此，有人提出了"智慧化"概念，于是各行各业开始了智慧化建设，如智慧城市、智慧消防、智慧应急、智慧金融、智慧学校、智慧矿山、智慧海洋、智慧港口、智慧农业等，比前面的数字化建设普及面更宽、更广、更深。

1.2.2 大数据发展历程

随着互联网的兴起，人类利用计算机、智能化设备的频率大大提高，以至于人们的日常生活已经离不开计算机及其衍生产品，这直接导致了一个后果：数据量快速增长！不仅如此，数据的内涵也在不断增加，由最初的纯数字和字符，发展到目前包含图像、图形、音频、视频、流数据等各种各样的数据形式，人类进入了大数据时代。

大数据的发展大概经历了三个阶段。

第一阶段是萌芽期，大概在 20 世纪最后 10 年，主要表现在数据仓库、数据挖掘技术的广泛应用，大量的数据被结构化管理，形成了人们熟练使用的数据库系统（database system）。

第二阶段是成熟期，大概时间为 21 世纪前十年，主要是 Web 2.0 的广泛普及和自媒体的应用。每个互联网用户，既是信息的使用者，又是信息的创造者，这直接造成了网络信息的"大爆炸"。

第三阶段是大规模应用期，从 2010 年之后开始，专门的 big data 术语被提出，在 2012—2013 年大数据宣传达到高峰，2014 年后概念体系逐渐成形，对其认知也趋于理性。大数据相关技术、产品、应用和标准不断发展，逐渐形成了包括数据资源与应用程序接口、开源平台与工具、数据基础设施、数据分析、数据应用等在内的大数据生态系统，研究热点呈现出"技术—应用—治理"的逐渐演化过程。

随着大数据应用渗透到各行各业，各国政府相继宣布了自己的大数据发展战略。作为信息时代的发源地，美国的大数据发展仍走在全球最前面。2012 年 3 月 29 日，美国奥巴马政府宣布启动"大数据研究和发展计划"，这是继 1993 年美国宣布"信息高速公路"计划后的又一次重大科技发展部署。美国政府认为大数据是"未来的新石油"，将大数据研究上升为国家战略，对未来的科技与经济发展必将带来深远影响。2013 年 6 月，日本发布了《创建最尖端 IT 国家宣言》，全面阐述了 2013—2020 年间以发展开放公共数据和大数据为核心的日本新 IT 国家战略，以促进大数据的广泛应用。2013 年 8 月，澳大利亚出台了大数据相关政策，推出了大数据分析的实践指南。2013 年 10 月 31 日，英国发布《把握数据带来的机遇：英国数据能力战略》，旨在促进英国在数据挖掘和价值萃取中的世界领先地位。2016 年底，韩国发布了以大数据等技术为基础的《智能信息社会中长期综合对策》，以积极应对第四次工业革命的挑战。

我国的大数据发展相对晚一些。在 2014 年，大数据首次被写入政府工作报告，我国的大数据产业进入蓬勃发展时期。2015 年，国务院发布《促进大数据发展行动纲要》，大数据上升为国家战略。2016 年，国家大数据战略作为"十三五"发展计划的十四个大战略之一，首次被写进五年规划中，大数据创新应用向纵深发展。2017 年，《大数据产业发展规划（2016—2020 年）》正式发布，全面部署"十三五"时期大数据产业发展工作，推动大数据产业健康快速发展。

大数据发展的三个阶段见表 1-2。

表 1-2 大数据发展的三个阶段

阶段	时间	内容
萌芽期	20 世纪最后 10 年	随着数据仓库和数据挖掘理论的成熟，一批智能工具和知识管理技术开始应用，如专家系统、数据集市、知识管理系统等
成熟期	21 世纪前十年	随着 Web 2.0 的发展和普及，非结构化数据大量产生，网络信息出现爆炸式增长
大规模应用期	2010 年后	大数据应用渗透各行各业，提出了专门的 big data，大数据概念体系逐渐成形，形成大数据生态系统数据驱动决策，社会智能化程度大幅提高，各国提出自己的大数据战略

经过多年的发展和沉淀，人们对大数据已经形成基本共识：大数据现象源于互联网及其延伸所带来的无处不在的信息技术应用及信息技术的不断低成本化。

1.3 大数据的思维变革

在大数据时代，人们将面临三个重大思维的转变：要相关，不要因果；要全体，不要抽样；要效率，允许不精确。

1. 要相关，不要因果

在大数据时代，传统的因果关系显得不再那么重要，在事件的结果背后，没有必要非得知道现象背后的原因，而是要让数据自己"发声"。因果关系，即某种现象（原因）引起了另外一种现象（结果），其原因和结果具有必然的联系，以往寻找因果关系是人类认识和了解世界最重要的手段和方法。在大数据时代，建立在相关关系分析法基础上的预测是大数据的核心。如果 A 和 B 经常一起发生，那么当 B 发生时，就可以预测 A 也很可能发生。至于为什么会这样，在某些应用上，已经没那么重要了。例如，地震的发生往往引起次生灾害的持续出现，人们更关注的是这些灾害造成的生命和财产损失，以及如何抗灾救灾，而只有少数研究者关注现象背后的原因。

2. 要全体，不要抽样

大数据的特点之一是全面，也就是需要什么数据就采集什么数据。要分析与某事物相关的所有数据，而非少量的数据样本。在过去，由于收集、储存和分析数据的技术手段落后，对大量数据的收集成本非常高昂，因此人们只能收集少量的数据进行分析，采用的抽样方法不合理会导致预测结果的偏差。在大数据时代，可以获取足够大的数据样本乃至全体数据，依靠强大的数据采集技术和数据处理能力，完全可以处理所有数据，最后得到的结果也将是准确的。

3. 要效率，允许不精确

更注重效率，而不再追求更高的精度。传统的抽样分析，需要预测模型和运算非常精确，因为"差之毫厘，谬以千里"。在全样本时代，有多少偏差就是多少偏差，而不会被放大。谷歌人工智能专家诺维格说过：在大数据基础上的简单算法比在小数据集基础上的复杂算法更加有效。大数据时代，快速获得一个大概的轮廓和发展脉络，要比严格的精确计算重要得多。

1.4 应急大数据的价值

信息技术与经济社会的交汇融合引发了数据迅猛增长，数据已成为国家基础性战略资源，因此大数据具有重要的价值。作为其中的重要组成部分，应急大数据对人类今天的生产活动和日常生活都是极其重要的，具有巨大的应用价值。

在大数据时代，"用数据说话""让数据发声"，"数据"已成为人类认识世界、感知世界的一种全新方法，各行各业因为大幅爆发的数据而正变得蒸蒸日上、充满活力。在最近 20 年中，几乎所有行业都受到信息技术的巨大影响，以信息技术为主的科技手段渗透到各个领域，已成为人类生产、生活、工作的每个环节中的必要元素。在应急领域，由于有大数据技术的支持，救援人员能够及时了解灾区的受灾情况、灾民的分布、救援物资的位置、灾民的迫切需求等，先通过 GPS 定位，再利用生命探测仪的探测，以及应用 GIS 技术等，实现准确的定位并将灾民救出。

应急大数据的价值主要体现在以下几个方面。

（1）提高政府公信力。应急大数据可以提高政府现代化的治理能力和科学正确的决策能力。任何正确的决策必须有准确的信息情报和真实数据的支持，而这些正是大数据技术所具备的。

（2）助力经济大发展。应急大数据已成为推动经济发展的一股重要力量。应急大数据是大数据技术的一个分支，也随着大数据产业的发展而发展，业已发展成为应急大数据产业，有成千上万的人在为此工作，推动了地方和行业的经济发展。

（3）充当社会稳定器。应急大数据可以进行未来发展趋势的预测，这为人类能够对自然灾害和安全事故"未卜先知",防患于未然,提前做好应急准备,真正让人民"遇事不要慌,预案来帮忙",对社会的稳定具有重要作用。

(4) 成为科研主方向。人类社会史是与天灾人祸作斗争的历史,人们的一切工作,尤其是科学研究工作,都是为了创造美好的生活,避免遭受天灾人祸的骚扰。因此应急科学研究就显得极为重要。应急大数据已经成为应急科学研究的一个重要领域,可以帮助人们解释灾害发生的现象,发现应急事件中的规律知识,这为认识事件的发生机制奠定了科学基础。从应急大数据技术的几个特征看,人类还有很多科学、技术问题需要解决,例如,应急数据量太过庞大,如何保存?如何传输?如何计算和处理?如何从海量的数据中发现科学规律?如何提高数据处理的速度和精度以适应应急需求?这些都为应急大数据的研究提出了问题,也指出了应急大数据科学进一步的研究方向。

从应急全过程看,每一个环节都会产生大量数据,也需要大量的数据支持完成应急决策。在事前阶段,需要从大量日常监测中发现隐藏的危机,因为所有的事件发生都有一个过程,如火灾由一个小火星逐渐扩大,以至于形成火患。如果在一开始就发现这个火星,快速消灭,那么就不会导致以后的火患。因此事前的监测、预警工作十分重要,而这需要在日常海量的监测数据中,发现异常数据,进行跟踪监控,一旦超过临界点就要报警,并加以消除,将隐患消灭在萌芽状态。在事发阶段,应急系统会根据数字预案自动启动紧急响应,如报警、从海量数据中搜索有针对性的处理方案进行处置、将现场各类数据及时传送给指挥中心,为管理者做出科学、正确的决策提供大数据服务。在事中阶段,大数据的应用价值更是发挥得淋漓尽致。应急指挥决策所依据的大量信息都将来自大数据系统,如前方场景的实时画面、前方救援人员的及时汇报和请示、灾情现场相关的建筑物设计图纸、人员分布、消防系统布置情况、应急数字预案的响应等,都需要大数据系统的支持。正如一位消防指挥员所说,只有掌握一线的实时数据信息,才能做出正确的指挥决策。在事后阶段,大数据技术也将发挥重要作用。例如,在灾因溯源工作中,利用模拟仿真推演事故过程,利用大数据技术和物联网技术等模拟事故的正演过程,以确定致灾原因;在灾后科考工作中,通过大数据技术研究事故原因、评估灾害损失、留存灾害现场资料,这为预防同类事故发生提供真实案例。

1.5 应急大数据技术基础

从技术层面讲,应急大数据的技术核心仍是大数据技术。在此基础上,增加了应急所要求的数据全面、处理速度快、反应及时等特点,产生了应急大数据技术。应急大数据处理需要拥有大规模物理资源的云数据中心和具备高效的调度管理功能的云计算平台的支撑,应急大数据的基础架构如图1-2所示。

从数据存储技术方面上看,没有计算机的云计算技术,就不会有大数据的分析和利用。云计算的核心思想是将大量用网络连接的计算资源统一管理和调度,构成一个计算资源池向用户按需服务。云计算关键技术包括:虚拟化、分布式存储、分布式计算和多用户等。

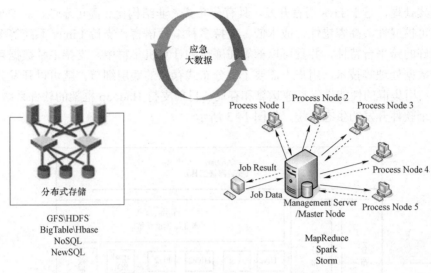

图 1-2 应急大数据的基础架构

分布式应急数据处理则是将不同地点、具有不同功能、拥有不同数据的若干台计算机通过通信网络连接起来，形成计算机网络系统，在中央控制系统的统一组织和管理下，协调地完成大规模应急信息处理的任务。在图 1-2 中，GFS 和 HDFS 是目前被广泛应用的分布式文件系统（distribute file system），后者是针对前者的开源实现。分布式文件系统是一种通过网络实现文件在多台主机上进行分布式存储的文件系统，其设计一般采用"客户/服务机"模式。客户端以特定的通信协议通过网络与服务器建立连接，提出文件访问请求，客户端和服务器可以通过设置访问权限来限制请求方对底层数据存储块的访问。NoSQL 是指 Non-Relational 或 Not Only SQL，泛指非关系型的数据库。NoSQL 数据库不仅满足了对海量数据的高效率存储和高并发访问读写的需求，还具有高可扩展性、高可用性等特性。NewSQL 提供了与 NoSQL 相同的可扩展性，而且仍基于关系模型，还保留了极其成熟的 SQL 作为查询语言，保证了 ACID（数据库事务正确执行的四个基本要素：原子性、一致性、隔离性、持久性）事务特性。BigTable 是 Google 设计的分布式数据存储系统，是用来处理海量数据的一种非关系型数据库，其设计目的是快速且可靠地处理 PB 级别的数据，并且能够部署到上千台机器上。BigTable 利用 GFS 作为其文件存储系统，HBase 作为 BigTable 的开源实现，利用 Hadoop HDFS 作为其文件存储系统。MapReduce 是一种编程模型，用于大规模数据集（大于 1 TB）的并行运算。Spark 是专为大规模数据处理而设计的快速通用的计算引擎，是基于内存计算的大数据并行计算框架，可用于构建大型的、低延迟的数据分析应用程序。Storm 是 Twitter 开源的分布式、高容错的实时计算系统，可以简单、高效、可靠地处理流数据，并支持多种编程语言。

1.5.1 大数据处理架构 Hadoop

Hadoop 是 Apache 软件联盟（The Apache Software Foundation）的一个项目，是一个存

储、处理和分析海量数据的开源软件框架,以一种可靠、高效、可伸缩的方式对大量数据进行分布式处理,基于 Java 语言开发,具有分布式、非结构化、高可靠性、高安全性、高效性、高可扩展性、高容错性、成本低、支持多种编程语言、支持 Linux 系统等多方面的特点和很好的跨平台特性,并且可以部署在廉价的计算机集群中。支持多种数据存储、内存调度、数据处理等技术,用户不需要了解分布式存储的底层细节,就可以开发分布式程序,充分利用集群的性能进行高速运算和存储。目前支持 Hadoop 框架的软件系统有很多,已形成一个软件开发的生态系统,如图 1-3 所示。

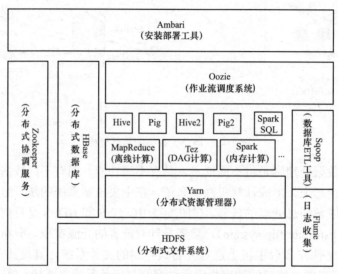

图 1-3 Hadoop 生态系统

Hadoop 是一个能够对大量数据进行分布式处理的软件框架,以一种可靠、高效、可伸缩的方式进行数据处理,具有高可靠性、高安全性、高效性、高可扩展性、高容错性、成本低、支持多种编程语言、支持 Linux 平台等多方面的特点,支持数据存储、内存调度、数据处理等技术。表 1-3 列出了一些基于 Hadoop 框架的大数据技术。

表 1-3 基于 Hadoop 框架的大数据技术一览表

技术	作用
HDFS	解决数据存放问题,能够把大量数据横跨成百上千台机器,进行分布式存储
MapReduce/Tez/Spark	解决怎么处理数据的问题,作为计算引擎,完成复杂的计算
Hive/Pig	解决 MapReduce 程序编写困难问题,使用更高层、更抽象的语言层来描述算法和数据处理流量
Tez/Spark	解决 Hive 在 MapReduce 上处理数据特别慢的问题
Spark SQL	Spark 中用于处理结构化数据的模块

续表

技术	作用
HBase	解决海量数据的随机实时查询问题。所有实时数据都直接存入 HBase 中，客户端通过 API 直接访问 HBase，实现实时计算
Yarn	一个通用资源管理系统，为上层应用提供统一的资源管理和调度，为集群在利用率、资源统一管理和数据共享等方面带来好处，保证了多种工具在一个集群上能有序地工作
Storm 流计算平台	实时性更新流畅，可以使更新延迟在 1 min 之内
Zookeeper	一种集中式服务，用于维护配置信息和命名，提供分布式同步和组服务
Sqoop	一款用于 Hadoop 和关系型数据库之间数据的导入导出工具，通过 Sqoop 把数据从数据库（如 MySQL、Oracle）导入到 HDFS 中，也可以把数据从 HDFS 中导出到关系型数据库中
Flume	一个高可用、高可靠、分布式的海量日志采集、聚合和传输的系统，Flume 支持在日志系统中定制各类数据发送方，用于收集数据；同时，Flume 提供对数据进行简单处理，并写到各种数据接受方（可定制）的能力

1.5.2 应急大数据计算框架

面向应急大数据处理的信息查询、统计、分析、挖掘、交互等实际需求，可以采用不同的大数据计算框架。常用的大数据计算框架有两种：离线批处理计算和实时流式处理计算。

（1）离线批处理计算框架适用于数据在计算之前已经完全准备好的情形，数据不会发生变化，数据量巨大且保存时间长，可以在大量数据上进行复杂的批量运算，适合于应急演练、灾情模拟等运算。Hadoop 框架的 MapReduce 技术分为 Map 阶段和 Reduce 阶段，能够很好地满足离线批处理中需要进行大量计算的要求。

（2）实时流式处理计算框架适用于实时应用场景，如实时交易系统、实时诈骗分析、实时广告推送、实时监控、社交网络实时分析等。这种计算框架具有数据实时性、处理效率高、计算速度快等优势，非常适合于应急救援的应用场景。大数据实时流式处理计算主要有三种框架结构：Spark、Storm 和 Samza，都属于开源的分布式系统，具有低延迟、可扩展、容错性、并行性等优点，能够满足应急数据处理的要求。

1.5.3 应急大数据存储

大数据最重要的特点就是数据体量巨大，应急大数据也不例外，这直接导致了数据存储是大数据技术面临的首要问题。应急大数据不仅体量巨大,而且要求数据处理速度快,因此大数据存储问题更加重要。

1. 分布式文件系统

HDFS 是 Hadoop 分布式文件系统(Hadoop distributed file system)的简称,是 Google GFS 存储系统的开源实现,主要应用场景是作为并行计算环境(MapReduce)的基础组件,同时也是 HBase、MapReduce、Yarn 等软件的底层分布式文件系统。它具有较高的读写速度,很好的容错性和可伸缩性,为海量数据提供了分布式存储功能,其冗余数据存储的方式很好地保证了数据的安全性。分布式文件系统 HDFS 采用 master/slave 架构,在物理结构上是由计算机集群中的多个节点构成的。这些节点分为两类:一类称作"主节点"(master node)或"名称节点"(namenode),另一类称作"从节点"(slave node)或"数据节点"(data node)。HDFS 系统架构如图 1-4 所示。

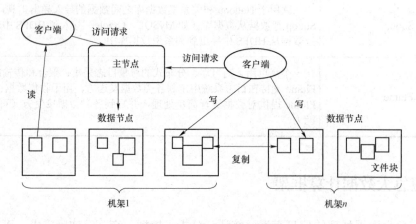

图 1-4 HDFS 系统架构图

客户端通过向名称节点提出访问请求,查询元数据信息,获取相关文件的数据块位置信息。系统根据位置列表,按照请求的内容,对数据节点服务器进行读、写操作,并将结果返回客户,完成指令,同时根据客户部署在服务器之间进行复制生成相关副本。

2. HBase 数据库

传统的关系型数据库无法应对在数据规模剧增时导致的系统扩展性和性能问题(分库分表也不能很好地解决),而且关系数据库在数据结构变化时一般需要停机维护,清理浪费的存储空间。因此,业界出现了一类面向半结构化数据存储和处理的高可扩展、低写入、低查询延迟的系统,例如,键值数据库、文档数据库和列族数据库(如 BigTable 和 HBase 等)。HBase 是一个分布式、可扩展的大数据仓库,已经成功地应用于互联网服务领域和传统行业的众多在线式数据分析处理系统中。HBase 数据库和传统关系数据库对比见表 1-4。

表1-4 HBase与传统关系数据库的对比分析

数据库	数据类型	数据操作	存储模式	数据索引	数据维护	可伸缩性
传统关系数据库	采用关系模型，具有丰富的数据类型和存储方式	包含了丰富的操作，其中会涉及复杂的多表连接	基于行模式存储	可以针对不同列构建复杂的多个索引，以提高数据访问性能	更新操作会用最新的当前值去替换记录中原来的旧值，旧值被覆盖后就不会存在	很难实现横向扩展，纵向扩展的空间也比较有限
HBase	采用了更加简单的数据模型，把数据存储为未经解释的字符串	不存在复杂的表与表之间的关系，只有简单的插入、查询、删除、清空等。因为HBase在设计上就避免了复杂的表和表之间的关系	基于列模式存储，每个列族都由几个文件保存，不同列族的文件是分离的	HBase只有一个索引——行键。通过巧妙的设计，HBase中的所有访问方法，或者通过行键访问，或者通过行键扫描，从而使得整个系统不会慢下来	执行更新操作时，并不会删除数据旧的版本，而是生成一个新的版本，旧有的版本仍然保留	HBase和Big Table这些分布式数据库就是为了实现灵活的水平扩张而开发的，能够轻易地通过在集群中增加或减少硬件数量来实现性能的伸缩

(1) 传统的数据分析是基于结构化、关系型的数据，往往用一个很小的数据集对整个数据进行预测和判断。其主要的计算手段是抽样分析，通过采样数据集进行数据统计分析，计算结果主要是面向群体的统计报表，维度有限，原始数据是一定周期内的历史数据，结果往往已经是过时了的。

(2) 大数据是对整个数据全集直接进行存储和管理分析。大数据技术在全量数据基础上进行数据分析，利用机器学习技术和算法建模，实现对数据的实时分析，能够帮助企业完全勾勒出每个个体客户的DNA。新的Key/Value形式的存储结构摆脱了对维度的限制，可以更加方便地进行数据挖掘分析。

3. 应急数据采集与预处理

数据采集是指从真实世界对象中获得原始数据的过程。应急大数据的来源是多方面的，包括对现实世界的测量、环境监控的音频和视频、卫星和航空器遥感、人类的记录、建筑物的设计图和管线图、各类文档，以及计算生成的数据等，这其中应急物联网系统是提供应急数据的重要来源。

下面以洪水灾害监测物联网采集系统为例进行说明，如图1-5所示。

在图1-5中，前端为智能采集传感器，包括雨量计、水位计、流量监测设备、水质检测设备、土壤墒情监测设备、视频监测设备等，采集的数据种类多样，格式不一。将采集的数据传递到工作站，然后通过互联网系统或专线网络、无线通信网络等方式上传到数据库服务器保存，完成应急管理所需要数据的采集工作。

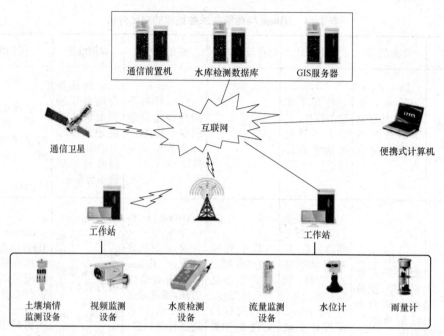

图1-5 洪水灾害物联网采集系统

由于受外来干扰的影响，采集的原始数据，大概率存在缺失、冗余、错误、噪声等问题，这需要对数据进行预处理工作。数据预处理是数据分析的一个重要环节，包括将缺失的数据补全、多余的数据剔除、数据的无量纲化与规范化、去噪、数据转换、数据集成与整理等步骤，最后得到比较干净的数据，存放在数据仓库中，以便进一步处理。其中数据集成是把不同来源、不同格式的数据在逻辑上或物理上有机地集中，通过一种一致的、精确的、可用的表示法，对同一种现实世界中的实体对象的不同数据进行整合的过程，从而提供全面的数据共享，经过数据分析和挖掘产生有价值的信息。数据仓库本质上是一种数据库，但与传统关系数据库不同。数据仓库是一个面向主题的、集成的、时变的、非易失的数据集合，将各种应用系统集成在一起，为统一的历史数据分析提供平台，对信息处理提供有力支持，为数据使用者提供了一种体系结构和工具，以便他们系统地组织、理解和应用数据进行决策。

4. 应急大数据分析与可视化

大数据作为时下最火热的IT行业词汇，随之而来的数据仓库、数据安全、数据分析、数据挖掘等意义重大，围绕大数据而产生的商业价值逐渐成为行业人士争相追捧的利润焦点。随着大数据时代的来临，大数据分析也应运而生。应急大数据分析是指对规模巨大的应急大数据进行分析，并将分析结果进行可视化显示。

应急大数据分析是在数据预处理的基础上，根据不同的任务内容和需求，从数据仓库中提取相关的特征数据，进行进一步的数据分析，包括数据挖掘、趋势预测、数据可视化分析等，过程如图1-6所示。

从图1-6看出，原始数据采集（形成原始数据库）和预处理（形成应急数据仓库）已经在前文中作了说明。由于数据仓库的数据种类繁多，在进行数据分析时，需要根据应急任务的不同，从数据仓库中提取相应的特征数据做进一步分析。

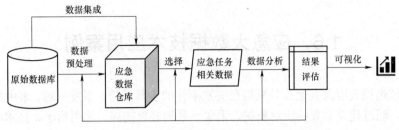

图1-6 应急大数据分析过程

1）数据挖掘分析

前面曾经说过，应急大数据隐含大量的规律和知识，是有价值的数据集。那么如何从海量数据集中搜索出需要的信息呢？这就用到数据挖掘技术。数据挖掘（data mining）是从大量的、不完全的、有噪声的、模糊的甚至是随机的数据集合中，提取出其中隐含的、先前未知的但又是潜在的信息和知识的过程，有时也称知识发现（knowledge discover in data base，KDD）。数据挖掘的主要任务包括分类、聚类、关联分析、预测、异常点挖掘、文本挖掘等，是现代数据分析中重要的一个分支。

对应急大数据的挖掘，可以将一些孤立的事件聚成一类，系统地进行研究；可以对一些典型的灾难分类，从而有针对性地进行处理；可以预测灾情未来的发展趋势，及时地防护和准备，做到有备无患；可以建立不同事故之间的关联，根据事件的相似性采用合适的应急预案和救援方案。

2）可视化分析

数据挖掘是面向机器的，其结果是面向人类的，因此需要进行可视化分析。不管是对数据分析专家还是普通用户，应急大数据可视化是对应急数据分析工具最基本的要求。可视化可以直观地展示数据，让数据自己说话，让观众看到结果。数据可视化是利用计算机图形学和图像处理技术，将数据转换成图形或图像在屏幕上显示出来，并进行交互处理的理论、方法和技术，是理解、探索、分析大数据的重要手段。一些常用的数据可视化工具列于表1-5。

表1-5 常用的数据可视化工具

工具类型	工具名称	适合对象
纯可视化图表生成工具	ECharts 和 AntV	开发工程师
可视化报表类	FineReport	报表开发、BI工程师
商业智能分析	Tableau、FineBI、PowerBI	BI工程师、数据分析师
数据地图类	Power Map、Modest Maps、地图慧	相关专业人员
数据挖掘编程语言	R 和 Python	技术性数据分析师、数据科学家

1.6　应急大数据技术应用案例

应急管理是指政府及其他公共机构在突发事件的事前预防、事发应对、事中处置和事后恢复过程中，通过建立必要的应对机制，采取一系列必要措施，应用科学、技术、规划与管理等手段，保障公众生命、健康和财产安全，促进社会和谐健康发展的有关活动。未来学家托夫勒在《第三次浪潮》中指出："沉重的决策担子，最后将不得不通过较广泛的民主参政来分担解决。"自然灾害、事故灾难、突发公共卫生事件、社会安全等各类紧急事件的决策负担日益沉重，只有广泛动员社会力量参与决策，方能确保科学、及时、有效地进行应急决策。

应急管理的目的是使社会承担各种风险，应对各种风险带来的灾害，这恰恰是为了避免风险和应对风险。紧急情况是突然而不确定的，其中很多都是客观存在的，所以灾害不能从根本上消除，只能做到最好的预防和控制，以减少因突发事件而造成的损失和伤害。各类突发事件的有效应急管理是政府部门的重要职能。

应急大数据技术是应急指挥的新工具，在现代应急管理中具有重要作用，尤其在应急指挥的辅助决策方面，应急大数据系统已经成为必不可少的应急管理基础配置。

下面从事前、事中和事后三个阶段，分别介绍应急大数据的应用实例。

1.6.1　应急大数据技术在事前阶段的应用

应急大数据技术可以与应急管理相配合，为事故做好准备。按照我国的防灾减灾政策"预防为主、平战结合"总方针，要求在日常状态下，做好训练、培训、监测监控、分级预案、灾害发展推演等，使得在灾害来临时"战时不惊、应对不慌、有条不紊、争取胜利"。

应急大数据技术在应急管理的事前阶段应用，包含精准的公众防灾知识宣传、数字应急预案体系建设、危险识别与监测、应急演练与培训、全天候安全监控、优化应急避难场所、优化基础设施运营等。大数据技术在事前阶段的应用图例如图1-7所示。应急大数据在事前阶段的应用主要是为灾害预防做好充分准备。

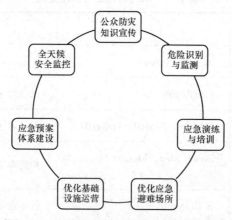

图1-7　大数据技术在事前阶段的应用图例

案例一：基于大数据的煤矿水情监测预警系统

截至2021年底，全国共有5 300余家生产煤矿，多数矿井条件复杂，水害严重。按照监管部门规程规范要求，及早发现排除水害险情，建设基于"数字化矿山"的矿井突水监测预警平台，实现水情监测与水害预警，减少人员伤亡和财产损失。通过"大数据+云计算+物联网"实现煤矿的智能化、安全化生产需求，实现向新型煤矿的转变。

为实现数字矿山建设目标，将现代信息技术应用于矿山生产和管理工作，通过建立矿井灾害物流网监测系统，采集水文地质、矿压、瓦斯浓度、水压等基础数据，以矿井水害案例数据为基础，利用大数据技术对影响水害的有关因素进行分析和研究，确立矿井突水与影响因素的关系模型，设计并开发相应的软件系统，具有水源识别、突水量等级预测、突水性安全评价、突水防治措施决策、应急救援等功能，提高矿山生产和管理的信息化水平，为防灾减灾、救灾提供信息化支持，为矿山安全提供技术保障。下面以矿井突水监测预警大数据系统为例，数据流程如图1-8所示。

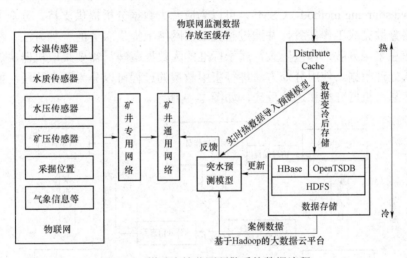

图1-8 煤矿水情监测预警系统数据流程

该系统采用大数据技术建立水源的水化学（离子和矿化度、pH等分析项）、温度、水位等指标差异，通过BP（back propagation，反向传播）神经网络方法与统计数据进行关联，建立突水水源判别模型；通过分析水害案例数据库中水源（类型、水压）、导水通道（断层、陷落柱）、隔水层（厚度、岩性、力学强度）等数据，采用大数据技术，利用海量案例数据深入挖掘充水含水层（厚度、岩性、力学强度）数据与突水等级的关系，建立突水量等级预测模型；深入挖掘充水含水层（水压、富水性、渗透性、厚度、岩性等）、隔水岩段防突性能（厚度、岩性比例、关键岩层位置）、地质构造（断层、褶皱、岩溶陷落柱）、矿压破坏发育带（工作面斜长、煤层采高与采深、开采工艺、煤层倾角等）、导升发育带（原始导升高度和回采诱发的导升高度）及气象条件、环境温度等与水害事故的关系，以实现突水安全性评价。在此基础上，结合物联网传感器数据，通过大数据处理技术和趋势预测算法，对水害发展趋势进行准确预测，以实现水害的实时预警。

1.6.2 应急大数据技术在事中阶段的应用

自然灾害或安全生产事故一旦发生，最为迫切的操作就是尽快控制事态发展和报警。事中阶段是应急管理中最为重要的一环，大数据技术在其中的应用能够快速促进事中响应的顺利开展，从而有效地控制突发事件向恶性发展，最大限度降低突发事件带来的损失。因此大数据技术的应用可以提升应急响应的效率，有效实现对突发事件的精准处理。应急大数据技术在事中阶段的有效应用，可以为政府、机构、个人、第三方组织应对突发事件提供准确、有力的数据依据，以精准的数据信息作为应对突发事件的支撑，不仅可以提高突发事件事中阶段的应对效果，还可以提升应急管理的准确性。

由于互联网、智能移动终端设备、5G 通信技术等后信息时代技术的普及应用，人类面对灾害时自发地发出关于灾害场景的描述，其中有大量真实的、有用的信息，也夹杂着若干虚假的、干扰的信息。针对灾害信息爆炸的情形，目前有一种比较新颖的技术——分众方法（crowd sourcing method, CSM），可以为应急大数据分析提供支持。分众方法是由大众通过网络分散完成工作任务，并通过整合后在网络上提供服务的一种方法。在这个过程中使用的信息来源分散、体量巨大，属于标准的大数据范畴，需要采取机器决策或半机器决策的方式处理数据。使用分众方法进行事中救援的过程可以分为四个阶段：捕获信息、甄别加工信息、机器分析和迅速反应，如图 1-9 所示。

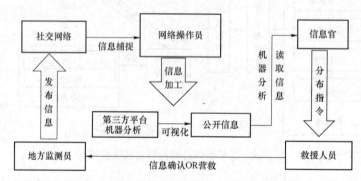

图 1-9 分众方法在应急管理中的应用流程图

例如，在洪水灾害发生时，利用分众方法对来自社交媒体的信息进行分析和解读，可以实现对海量时空应急大数据的快速处理和分析，形成包括雨洪信息、救援队信息、灾情信息等若干洪灾相关信息的可视化地图，提供应急响应方面的大数据支持。

案例二：基于大数据的疫情应急治理模式

2020 年初，在武汉暴发了新型冠状病毒疫情，一时间使得人心惶惶。在此期间，随手点开任何一家媒体平台制作的疫情实时报告地图，即可看到全国疫情动态、新增确诊、疑似趋势及死亡人数等疫情信息。输入身份证号，即可查询 14 天以内是否到达过疫情严重地区，是否与确诊患者乘坐过同一辆交通工具。利用采集挖掘到的邻近车辆轨迹数据，即可在应急大数据应用软件上为运送防疫物资的司机推荐优选路线。还有很多利用大数据技术应对疫情的便捷方法，以保证最大限度地防止感染病毒。这些大数据技术的应用，在新冠肺炎疫情防控期间，让民众真切地感受到了应急大数据的力量。

其实，在疫情防控工作中，一些省、市地方政府和企业积累的城市管理大数据发挥了积极作用。通信运营商的手机信令数据、铁路航空的交通数据、互联网应用软件的 GPS 数据、智慧城市的网格化管理信息、智慧公安的天眼系统等，为基层工作人员查找密切接触者、确认来源地、调度人员和物资、提供道路引导等起到了重要的作用。工业与信息化部联合移动、电信和联通三大运营商，在不涉及用户隐私的应急大数据系统中进行统计分析，向国家和地方有关部门推送疫情发展态势分析、流动监测等信息服务，也为个人用户免费开放到访地查询服务。在全国 20 多个省、市地方政府同某互联网企业合作搭建的"数字防疫系统"上，各地从省、市、县、乡、村的卫生健康机构和疾控中心，到社区医院网格员、家庭医生等，都可在系统上进行防疫物资、疫情等信息上报，还可通过系统协调物资供给和疫情反馈，对疑似人群做网格化重点监测，对疑似病人做快速隔离和转诊处理。

在疫情后期，随着各地陆续复产复工，浙江、重庆、河南、湖北、云南等地相继推出了"健康码"服务系统。市民或返工人员可以非常方便地通过"健康码"自行网上申报，经后台审核后，生成二维码，可作为人员出入通行的电子凭证，如图 1–10 所示。为此国务院牵头开发了基于大数据技术的全国性的"健康码""行程卡"系统，既降低了交叉感染的风险，又成为个人健康情况的一个"自证神器"。这样的二维码和微信、360 等互联网平台上线的"确诊患者交通工具同乘查询系统""疫情数据实时更新系统""发热门诊分布地图"等提供健康大数据服务的系统平台，都因其实用性、惠民性而受到广大群众的欢迎。

图 1–10　疫情防控行程卡二维码

应急大数据技术可以辅助疫情防控人员监控感染者和疑似患者人群的移动轨迹，锁定密切接触者，进而监测疫情的发展态势。基于应急大数据技术，各地政府纷纷开启了"互联网+网格化"的疫情治理模式。在所有疫情应急大数据软件中，使用最为广泛的便是健康码和五色图，利用应急大数据技术精准地掌握民众的质疑和诉求，建立起开放、透明的信息沟通机制，保证疫情防控期间的信息传播更加公开、及时、透明和有效。

应急大数据治理模式实现了治理主体的多元化、治理程序的简约化和治理病人的高效化。在新冠肺炎疫情防控中，应急大数据技术的创新和应用为疫情的联防联控和精准防控提供了有利契机。在新冠肺炎疫情暴发期间，我国在防控工作中逐渐形成了基于应急大数据的"响应–处理"疫情应急治理模式，如图1-11所示。该模式以重大突发公共卫生事件为开端，以"迅速遏制疫情，减少感染和死亡人数，减轻疫情的次生危害"为目标，主要包含了应急治理主体和应急治理程序两个层面的内容。

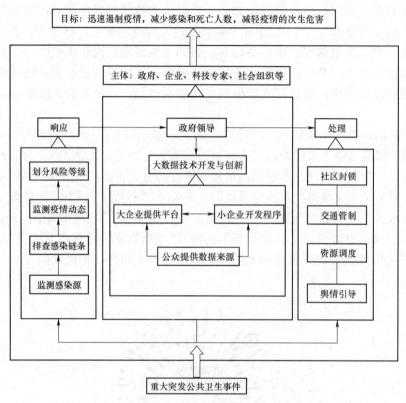

图1-11　基于大数据的疫情应急治理模式

应急大数据治理的优势主要体现在三个方面：一是实现了治理主体的有效协同；二是应急大数据治理模式增强了政府工作的透明度，提高了政府公信力，为治理主体的有效协同积累了充分的社会资本和群众基础；三是提高了公共服务供给的精准度和效率。

从主体的角度来看，该模式实现了政府、企业、科技专家和社会组织的协同治理。从程序的角度来看，应急大数据"响应–处理"疫情治理模式将技术开发程序、响应程序和处理程序进行复合，基于技术开发应急大数据系统程序，响应程序可以实现感染源监测、感染链条排查、疫情动态监测和风险等级划分，基于技术开发程序和响应程序，处理程序可以实现社区封锁、交通管制、资源调度和舆情引导，这些步骤都需要应急大数据提供基础数据和服务。基于应急大数据的新冠肺炎疫情实时报告如图1-12与图1-13所示。

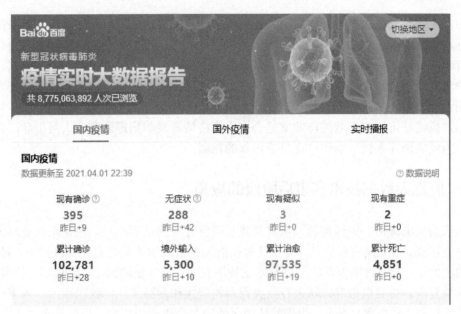

图1-12 疫情实时大数据报告

数据来源链接：https://voice.baidu.com/act/newpneumonia/newpneumonia/？from=osari_aladin_banner#tab1

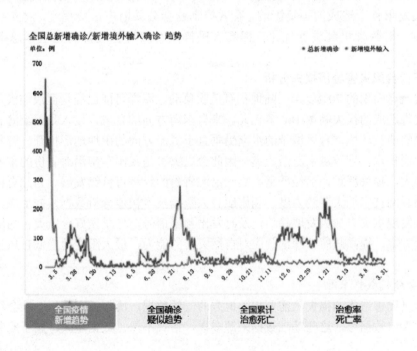

图1-13 新冠肺炎疫情大数据报告

数据来源链接：https://voice.baidu.com/act/newpneumonia/newpneumonia/？from=osari_aladin_banner#tab1

疫情是重大公共卫生事件，对社会公众的生命安全构成了严重的威胁。疫情的紧急性要求治理主体必须在最短时间内发现并控制疫情，否则疫情危机将迅速升级，感染曲线迅速攀升，最终造成严重的社会后果。对于疫情治理而言，维护公众的身体健康和生命安全是最首要的目标，由此防控效率也应当是最重要的原则。以公民为中心的治理模式，由于过高的时间成本会延误疫情防控的最佳时机，无法适用于疫情治理。因此，以政府为中心的协同治理才是疫情防控的最佳模式。由此可见，基于应急大数据技术的"响应-处理"应急治理模式是可行和有效的，非常适合大规模疫情暴发的病毒防控、人员引导、物资配送等，为疫情期间人民生活生产提供了可靠的保障。

1.6.3 应急大数据技术在事后阶段的应用

事后的损失评估、灾因溯源、恢复重建是应急管理的最后一环，也是现代处理灾后工作的主要步骤。首先是灾后评估，需要及时摸清灾害造成的人员伤亡和经济损失，对灾民、灾区的救助工作等，这需要在大数据技术支持下完成；其次是溯源，需要利用大数据技术，通过灾情复现、仿真模拟等方法进行致灾因素的查找和溯源工作，找出原因，为下一步的建设提供经验，避免重复发灾，也为其他地区的同类建设提供借鉴；最后是恢复重建工作，从灾难中学习，从灾因中汲取教训，以利于改进或提升建设质量。因此事后阶段应用大数据，对真实数据信息进行合理的分析，有助于加快灾后重建恢复工作，保障决策的科学性和正确性，使得突发事件的处理措施符合区域环境的要求，更加符合人民群众的要求，有效降低突发事件所造成的不良影响，有效控制社会公共财产浪费程度，建立并健全相关管控机制，对管理机制进行优化，提高人民群众对政府管理部门处理紧急事件的满意度。

案例三：台风灾害经济损失分析

海洋占全球面积的70%以上，陆地稍有风吹草动，海洋可能已经是巨浪滔天，我国每年因台风灾害造成的损失高达100多亿元。来自东南方向的台风，侵入我国沿海省份，遇到山峦层叠的地貌环境，台风携带的水汽受垂直于气流方向的山地地形抬升，容易产生暴雨，形成地面积水，导致洪水泛滥成灾。因此台风灾害是我国东南沿海省份的重要自然灾害，危害极大，损失严重，已经严重影响到沿海省份的经济可持续发展。为此有很多省份利用应急物联网技术加大监测力度，利用应急大数据技术快速分析数据，并形成预警预报信息，一旦发现洪灾有加大发展趋势，及时发出预警信号，尽早做好台风灾害的应急防范措施和救援方案，提高政府管理部门应对自然灾害的能力，最大限度地降低台风灾害带来的损失。

1）灾害分析数据来源

研究台风灾害造成的损失，需要相关地方的气候数据、历年灾害数据、社会经济发展指标、地方人口数据等，这些基础数据来源多样，格式不一，数据量大，属于应急大数据技术范畴。

2）灾害分析研究方法

常用的应急大数据灾害分析研究方法包括统计法、估算法、唯象法等，这些方法各有千秋，适用于不同特征的数据集。下面介绍一种灾损度指数评价方法。

利用灾损度指数评价方法进行灾害经济损失评估，需要选取灾害的主要经济损失要素

(如人员伤亡、作物受灾和成灾面积、直接经济损失等),这些要素的数据都在应急大数据库里,相对完备,容易获取;结合当地受灾环境不确定性估值(可以采用灾害总损失最小值与最大值之比估算),构建灾损度指数指标,再利用对数函数的线性组合模型计算灾害的灾损度,通过划分灾害损失的等级,对灾害经济损失进行评估。

3)沿海某省台风灾害经济损失趋势变化分析

首先提取该省份最近25年的气象灾害数据库资料,统计每年的台风次数、损失数据、最大损失数据、最小损失数据、损失平均数等。然后根据灾害损失的年最小值与最大值之比估算孕灾环境的不稳定度;采用灾损度方法,将多个受灾因素组合,计算该省受台风影响的损失,并以评分标准划分等级;最后根据灾损度和孕灾环境不稳定度的综合值划分台风灾害的灾损度指数。最后的计算结果如图1-14所示。

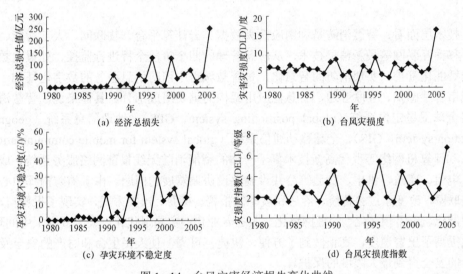

图1-14 台风灾害经济损失变化曲线

从图1-14(a)可以看出,该省因台风灾害造成的经济总损失呈波动上升趋势,且起伏较大,这说明影响和登陆该省的台风年际变化大,反映出该省的经济发展好,财富积累越来越多,人们向经济发达区域聚集,也加大了台风灾情造成的损失总量。从图1-14(b)可以看出,台风灾损度呈现波动上升趋势,说明综合考虑多个指标后,台风灾损度可以较好地反映灾害的经济损失情况。从图1-14(c)可以看出,该省孕灾环境不稳定度随时间呈明显上升趋势,且差别较大,说明该省环境的脆弱性总体在加大,抵御台风灾害的能力有下降趋势,这与具体年份台风影响个数及影响时间的间距有很大关系。若两个台风相继到来,则环境脆弱性累加,抗灾能力必然降低。如1990年发生的"百日七大灾"事件,即100天内有7次台风相继来袭,造成40多亿元的直接经济损失。从图1-14(d)可以看出,台风灾损度指数呈波动上升趋势,且起伏较大,这说明该省台风灾害造成的经济损失比重不断加大,已经严重威胁该省社会经济的可持续发展。

1.6.4 应急大数据技术在智慧消防领域的综合应用

消防工作是我国应急工作中的重中之重,"火患猛于虎",一旦发生火灾,巨额财产将化为灰烬,甚至若干生命葬身火海,给国家带来巨大损失,给亲人带来深切悲痛,所以消防工作意义重大。将大数据技术应用于消防工作,实现消防的智慧化,是应急大数据的最直接应用。

1. 智慧消防的概念

智慧消防就是立足于火灾防控"自动化"、救援指挥"智能化"、日常执法工作"系统化"、部队管理"精细化"的实际需求,大力借助和推广大数据、云计算、物联网、地理信息系统等新一代信息技术,创新消防管理模式,实施智慧防控、智慧作战、智慧执法和智慧管理。

从技术层面看,智慧消防是利用应急大数据、云计算平台、物联网、人工智能、虚拟现实、移动互联网等最新信息技术,从应急管理的四个阶段全程进行监控、处置、救援、指挥的智能化管控,实现消防的智慧化,是智慧城市中消防信息服务的数字化基础,也是智慧城市智慧感知、互联互通、智慧化应用架构的重要组成部分。具体来说,智慧消防系统是将全球卫星定位系统(global positioning system,GPS)、地理信息系统(geographic information system,GIS)、全球移动通信系统(global system for mobile communications,GSM)和计算机网络等现代高新技术集于一体的智能消防无线报警网络服务系统,成功地解决了电信、建筑、供电、交通等公共设施建设协调发展的问题。由于消防指挥中心与用户单位联网,改变了过去传统、落后和被动的报警、接警、出警方式,实现了报警自动化、接警智能化、出警预案化、管理网络化、服务专业化、实施现代化,大大减少了中间环节,极大地提高了出警速度,真正做到了方便、快捷、可靠,使人民生命和财产的安全及消防员生命的安全得到最大限度的保护。

2. 智慧消防的建设特点

作为应急大数据的重要应用,从一开始智慧消防的建设就受到国家消防管理部门的高度重视,统一规划,分级建设,"全国一张网、指挥一张图",以实现快速接警、就近救助、智能指挥的目的。因此智慧消防的建设具有以下特点。

(1)广泛的透彻感知。智慧消防建设的基础就是广泛覆盖的信息感知网络。因为消防工作涉及老百姓日常生活的方方面面,这就要求消防员要及时、全面地掌握有关消防的信息,要拥有与城市的各类要素交流所需的信息。同时,为满足消防工作的深度透彻感知,需要智慧消防网络能够采集不同属性、不同形态、不同密度的信息。当然,广泛的透彻感知并非意味着全方位的信息采集,应以满足深度研判的需要为导向。

(2)全面的互联共享。智慧消防不仅能够广泛透彻地感知,还要将灾害现场的信息和相关系统连接起来,实现有关信息的互联互通。根据梅特卡夫定律:网络的有用性(价值)随着用户数量的平方数增加而增加。也就是需要不断扩展城市宽带,使互联网、公安网等多种网络互通,使得智慧消防网络连接的用户越多越好,最大限度地增加信息的互通程度。同时,要打破相关部门的信息资源保护壁垒,形成统一的网络资源体系,使消防不再成为"信息孤岛"。

(3)高效的智能计算。智慧消防是一个体量巨大、结构复杂的信息网络,用户数量巨多,信息流量巨大,必须采用应急大数据的理念进行建设,才能提高信息传输速度,提高计算效率,这是消防工作智能决策和控制的基础。智能处理在广义上可以理解为对初步信息的提炼增值,从中抽取对消防工作有用的信息。例如,在一起抢险救援事故中,如果一个中队到达现场处理,了解和掌握了现场基本情况,就可以通过智慧消防网络上传信息,提供给后台的战训专家进行会诊,提出有针对性的消防方案,及时消灭灾害。这种智能化的处理方式会更加有效。

3. 智慧消防大数据系统

在火灾灾害发生过程中,需要利用智慧消防物联网系统采集的数据信息,通过数据分析、数据预处理、数据挖掘等实现消防指挥系统的智能决策。智慧消防大数据系统功能图如图1-15所示。

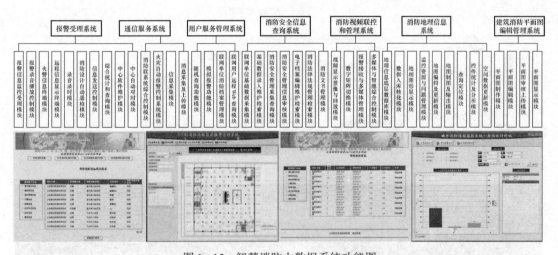

图1-15 智慧消防大数据系统功能图

智慧消防大数据系统综合运用计算机及网络、射频识别(radio frequency identification,RFID)、无线传感、多信息融合、一维/二维识别码、移动通信终端等技术,其所用终端通信设备可采用宽带、企业局域网、GPRS/3G/4G/5G、电话线等多种通信方式,相关职能人员配备的物联网智能终端提供精准的人员实时位置监控、在线电子派单、电子地图导航、电子回单、数据远程传输功能,同时具有火灾信息自动接收、消防视频集中监控管理、自动巡检、极早火情预警报警、自动扑灭、智能救援指挥及调度、人员动态管理、实时调度维修维护作业等功能。及时、准确、完整地传递信息,加强城市防灾能力,提高政府公共消防服务水平,提升整个城市的安全意识和形象。智慧消防大数据系统总体结构如图1-16所示。

一个区域内的智慧消防大数据系统将该区域的消防物联网系统采集的消防隐患数据进行统一汇总分析,结合GIS数据,形成火灾隐患分布图,按区域、行业、单位或部门等直观展现火灾隐患分布态势;对消防重点部位,如监控室、通道、重要出入口、消防危险源等进行实时视频监控。图1-17是某企业的智慧消防监控中心大屏幕系统,图1-18是某地区智慧消防部署的 GIS 图。

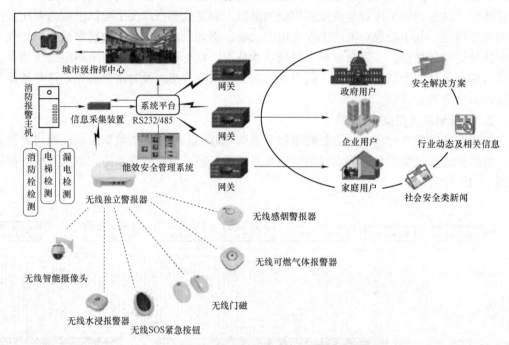

图 1-16　智慧消防大数据系统总体结构图

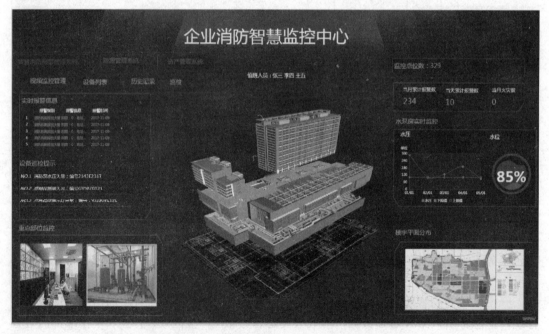

图 1-17　企业的智慧消防监控中心大屏幕系统示例

通过智慧消防大数据系统，将一个行业或一个区域的消防隐患点信息进行管理，及时查看隐患点的状态，尤其是对于重点消防监测部门，能够达到灾前及时预警、灾发迅速报警的目标。快速采取措施和救灾行动，大大降低灾害损失。

图1-18　地区智慧消防部署的 GIS 图示例

4. 应急大数据技术在智慧消防中的其他应用

智慧消防在火灾发生前、发生中、发生后的各个阶段都采集信息，形成了一个大型的应急大数据信息库，其中的信息数据是非常宝贵的，具有重要的实用价值。

（1）火灾历史资料分析。在火灾历史资料研究中，大数据分析是常用的技术。通过应急大数据的聚类分析，探究历史火灾的时空分布特征，确定重点防控区域，并对重点区域加强预防和管理；通过对地区经济状况、人口分布情况的统计分析，可以得出火灾造成的经济损失是多少；通过 3S 技术获取火灾点的房屋建筑、易燃区域分布等信息，利用分类方法分析区域火灾热点，研究火灾源发生的空间规律和时间规律等，从而科学制定出区域内的重点火灾防控范围，以利于进行分类指导、重点布防和监控管理。

（2）火灾研究方法。利用智慧消防大数据的高速、大量、准确、多样等特征，检验并修正火灾预测预报系统，开发出能够在局部地区、小范围更具适用性的火灾预测预报系统。作为从经验方法中提取、简化数据的数学工具，应急大数据技术能够准确、快速地处理实验方法所获得的物理方法和数据。使用应急大数据技术辅助制作的火灾预测预报方案，可减少人力计算，能考虑更多的影响因子，并能缩短制作预报方案所需的时间，快速检验系统的有效性。

（3）火灾防控应用。在新形势下，消防工作已由社会消防安全管理转变为社会消防安全监督指导。规范的消防理念贯穿于整个消防治理过程中，形成了一种新的社会消防安全模式，即多元共治、统一管理、联合参与、人民参与，全社会共享消防安全服务。综合运用应急大数据、云计算、物联网等多种信息技术，实现对火警、消防设备设施状态等数据信息的自动采集、传输和分析，实现火灾防控的自动化、信息化和智能化。积极发动和吸引群众参与，充分发挥群众自媒体的作用，各部门联动发挥合力，可以让更多的人员协助消防工作，共同防控火患。

（4）灭火救援应用。在大数据时代，灭火救援从灾情开始到结束，所有信息都能及时、准确地获得；实现第一时间出动力量、第一时间赶到灾场、用最短时间完成任务。使用应急大数据系统,从公众报警入手,及时准确地了解现场情况,收集丰富的基本信息,及时收集消防救援现场的信息,这不仅为灭火和救援指挥决策提供支持,也为科学有序地共享现场信息提供保障,为灭火后战情总结、火灾评估、全面分析提供基础数据。

(5) 火场态势预测预报。火灾现场受到多因素的影响,如在建筑物内很有可能发生轰燃等瞬时现象,亟须提前得到预警,保护消防员的人身安全。在实际火场中,火灾蔓延速度和方向、强度、火焰高度和温度、烟气扰动等一直都处于动态变化中,是灭火扑救还是逃生要求在短时间内做出决定。这时应急大数据技术可以发挥巨大作用,运用相关算法,及时进行模拟,计算出火场态势图,更好地辅助决策者进行灭火指挥作战,更好地保护消防员的安全。

(6) 火灾损失评估和火灾原因调查。应急大数据技术能够有效地集成火灾前财产、人员状况等数据,结合火灾后状况,进行火灾损失的科学评估,其结果能够为保险公司的赔付、法院的量刑等提供科学依据。同时,搜集火场细节尤其是建筑物内燃烧的痕迹等信息,通过应急大数据仿真模拟技术,复原火灾发生时的场景,有利于对火灾原因的深入调查,从而得出科学的结论。

思考题

1. 如何理解应急大数据技术?
2. 应急大数据的主要特点有哪些?
3. 应急大数据技术经历了哪些主要发展历程?
4. 应急大数据的价值主要体现在哪些方面?
5. 应急大数据技术基础主要包括哪些内容?
6. 如何将大数据技术应用于应急管理工作领域?

第 2 章　应急云计算技术

全球突发事件无时无刻不在威胁人类的生命和财产安全,因此对突发事件实施有针对性的、高效的应急处理已成为研究的重要课题。突发事件的应急处理包括应急决策、应急预案、预警监测、资源保障、救援命令的执行等多个紧密环节。由于突发事件具有随机性、多样性、难预测等特点,所以为了能够有节有序、处变不惊地应对突发事件,就必须依靠现代科学技术,通过大数据、云计算和物联网、5G 等信息技术,将信息快速、及时地提供给决策者,以便迅速正确地完成应急决策和应急处理工作。因此,通过应急物联网技术强化应急信息的采集密度,通过 5G 技术加快信息的传播速度,通过应急云计算技术提高应急信息的处理效率和安全性,让高速信息技术覆盖整个应急管理的全过程,做到灾害提前预防、准确评估事件的发展趋势、及时有效地正确决策、精确配置的应急资源有效调度,就成为应急处置的关键问题。应急云计算技术的出现为应急管理提供了新思路,成为有效的应急管理辅助手段。通过借鉴云计算的核心思想、关键技术和运行模式,应急云计算技术可以有效地提高应急管理的科学性。

为应急场景、应急过程提供服务的云计算称作应急云计算。

2.1　应急云计算的概念及其发展

经济全球化和居住城市化,为人类带来了舒适、便捷的生活,同时也使得人类的生命和财产变得更加脆弱——各种灾害一直在威胁着人类。如果没有早期预警,自然灾害和人为灾害会对人类社会造成巨大损害,如地震、飓风及生物和化学威胁、生产事故等。例如,2004 年印尼苏门答腊发生了 9.1 级地震,引发大海啸,直接冲击了印尼、斯里兰卡、印度、泰国、孟加拉国、马尔代夫、索马里、马来西亚、缅甸、坦桑尼亚、塞舌尔、肯尼亚等印度洋及其沿岸十几个国家,造成 22.3 万人死亡和 100 亿美元的直接经济损失;2010 年海地地震的死亡人数估计在 10 万~16 万人,估计有 2.5 万个住宅和 3 万个商业建筑倒塌或严重受损;在 2011 年日本福岛核事故之后,2013 年世界卫生组织的一份报告指出,婴儿时期暴露的女子患甲状腺癌的风险未来将增加 70%,婴儿时期暴露的男子患白血病的未来风险将增加 7%。

为了克服各种灾害给人类带来的灾难和对环境造成的破坏,需要在一些重点区域、重要部门进行实时监控、实时监测,这就需要利用先进的信息技术在应急管理的各个阶段发挥作用。

随着互联网技术、智能移动设备和 5G 技术的发展与普及,来自各方面的信息量巨大且多样化,已经形成大数据量级,只能采用分布式存储模式,因此云存储技术应运而生。但云存储与云计算并非一日而成,也经历了一个由萌芽、兴起,到发展的过程。在 20 世纪

80年代，美国SUN公司的创始人之一John Gage提出了"网络就是计算机"的理念，描述分布式计算技术场景；之后有人又提出了网格（grid）计算技术，让很多人追捧了一阵。随着互联网在全球的推广应用，越来越多的信息在网上流转，形成了一个巨大的、无结构化的信息库，包罗万象，各种信息应有尽有。1997年，美国南加州大学的Ramnath K. Chellappa教授提出了云计算的概念，他认为计算的边界可以不受技术限制，在不同的子网上进行计算。1999年，第一个商业化的IaaS平台（infrastructure as a service）诞生，通过虚拟技术管理网络资源；之后SaaS（software as a service）也随之兴起，实现了John Gage在1984年提出的构想。进入21世纪后，互联网发展进入Web 2.0时代，网络速度更快，信息量更大，应用更加普及，以前的分布式计算和存储已经被云计算（cloud computing）和云存储（cloud storage）所代替。云计算技术将庞大的计算处理程序自动分拆成无数个较小的子程序，透过网络交由多部服务器所组成的庞大系统，经计算分析后再将处理结果回传给用户。利用云计算技术，网络服务提供者可以在数秒之内，处理数以千万计甚至亿计的信息，实现和"超级计算机"同样强大的网络服务。云计算的发展如图2-1所示。

图2-1 云计算的发展

云计算的核心可以用五个基本特征、三种服务模式及四类部署模式进行形象概括。其中五个基本特征是指按需获得的自助服务、广泛的网络接入、资源池化、快捷的弹性伸缩和可计量的服务；三种服务模式是指云基础设施即服务（infrastructure as a service，IaaS）、云平台即服务（platform as a service，PaaS）和云软件即服务（software as a service，SaaS）；四类部署模式是指专有云（私有云）、行业云、公有云和混合云。

云计算作为现代信息技术的主要组成部分，应用于应急管理系统建设成为必然，应急云已经成为当前应急管理信息系统建设的标准平台。其实早在21世纪初期，云计算技术就在电网故障智能分析中得到应用，之后在信息安全领域、社会安全领域、生产安全领域等得到推广，建设了若干个基于云计算的应急管理信息系统。例如，基于云计算的大电网故障智能分析预警系统、基于云计算的天气预报系统、基于云计算的地质灾害监测与预警系统等。

2.2 应急云计算的类型及特点

应急云计算系统是指利用移动互联网与物联网技术，整合云计算、大数据等最新信息技术，结合应急管理现场作业的特点，提供一整套的智慧管理解决方案，应用于管理协调、资源配备、监控预警、应急救援等安全生产活动。目前我国的应急云管理平台主要有两类：一类是大学或研究所研发的分析模型，多是单机型的C/S架构或机群式的B/S架构模式，其特点是专业化很强，但集成度不高，主要用于云计算算法、数据分析算法等研究；另一类是由企业研发的、以集中管控为目的的商业级云计算平台，这是成熟的云计算系统。针对不同的应用场景，其架构也分为 B/S 架构和 C/S 架构两种，具有层次化、流程化、集成化的特点，有广泛的实际应用。

2.2.1 应急云计算的类型

应急云计算的类型可分为三种，分别是应急基础设施即应急服务、应急云平台即应急服务和应急云软件即应急服务。

1. 应急基础设施即应急服务

应急基础设施是应急云平台建设的基础条件，是为应急服务的。面向应急服务的应急基础设施是应急云计算的基础，为上层应急云计算服务提供必要的硬件资源。在虚拟化技术的支持下，应急基础设施层可以实现硬件资源的共享使用和按需分配，创建虚拟的计算、存储中心，使其能够把计算单元、存储器、I/O 设备、带宽等计算机基础设施集中起来，成为一个虚拟的资源池，对应急管理与应用提供服务。

虚拟化技术是计算机系统的一种资源管理技术，将各种实体资源，如服务器、网络、内存及存储器等，通过抽象、转换后呈现出来，打破实体结构间不可切割的障碍，能够让用户获得比原来组态更好的方式应用这些资源。例如，软件虚拟化、硬件虚拟化、内存虚拟化、网络虚拟化、桌面虚拟化、服务虚拟化、虚拟主机等。虚拟化技术是应急基础设施即应急服务的关键技术。

2. 应急云平台即应急服务

应急云平台是分布式并行技术的平台，支持应急管理需要的高性能计算，如应急搜索引擎、应急数据分析、应急可视化等。按照应急管理的要求，云计算平台需要具备存储与处理海量数据的能力，要求具有高速的计算能力和传输能力，用于支撑上层软件所需要的各种应用。因此应急云平台的关键技术包括并行编程模型、海量数据库、资源调度与监控、超大型分布式文件系统等分布式并行计算平台技术。

3. 应急云软件即应急服务

应急云计算要求应急硬件资源和软件资源能够更好地被共享，并具有良好的伸缩性，任何一个用户都能够按照自己的需求进行定制使用而不影响其他用户的使用。应急软件资源共享应用是应急软件的服务目的，用户可以使用按需定制的应急相关软件服务，通过浏览器访问所需的服务内容，而不需要安装此类软件。应急软件层是应急服务的顶层，需要以应急基础设施和应急云平台为基础。同时用户可以在应急云平台上开发相应的应急服务软件，并部署应急服务系统。

2.2.2 应急云的主要特点

基于应急云的综合应急管理软件平台面向政府、企业和公众用户，提供一致但又有区别的数据服务，以保证数据的安全性。应急云计算搭建的平台主要具有以下特点。

（1）可伸缩性。应急云平台上的各种资源是可以整合的，能够根据不同业务需要、不同业务属性等加以整合，使得应急云系统具有弹性，可以定制新的应用，按照特定业务逻辑进行集成，平台资源可不断扩充。

（2）自适应性。应急云平台的规模可以动态伸缩，以满足大规模应急应用增长的需要。计算节点同构可互换，保障服务的高可靠性，各功能组件可以根据需要进行替换，即使一个组件出现问题，新的组件可以随时聚集过来，增强平台的适应性，并可以扩展新功能，拓展新应用。

（3）功能与数据分离。现代软件的优势之一是系统与数据分离，也就是说，系统具有通用性。应急云平台设计遵循现代软件工程要求，将系统功能和数据分离开来，实现软件的平滑移植、模块的任意组合，从单一的云单元聚合成新的云单元，让系统功能更加强大。

（4）高重用性，即功能、服务可聚合。根据新的需要很容易聚集新的云，聚集新的应用，可随业务的变化灵活定制，可以随时调整。

（5）专业性。根据应急管理需求，将应急云平台的功能模块划分为各种微内核来实现，每个微内核由专业开发团队来实现，确保其专业性。

（6）低成本。由于云计算、云存储业务可以由专门的服务商提供，应急管理部门用户只需要租用或购买云服务即可享受云计算带来的方便性、快捷性，因此成本低廉。

2.3 应急云计算的体系结构

应急云计算可以按需提供弹性的服务，体系结构大致可分为四层：物理资源层、应急资源池层、应急管理中间件层和 SOA（service-oriented architecture）构建层，如图 2-2 所示。

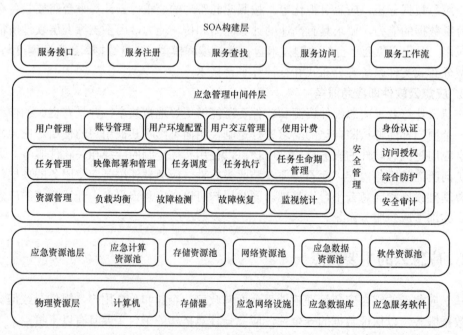

图 2-2 应急云计算体系结构

物理资源层包括计算机、存储器、应急网络设施、应急数据库和应急服务软件等。应急资源池层是将大量相同类型的资源构成同构或接近同构的资源池，如应急计算资源池、应急数据资源池等。构建应急资源池主要是对物理资源的集成和管理工作，例如，大量的面向应急服务的计算机设备、网络设施等集中在一个相对小的空间里，需要解决散热、降低能耗和故障节点的快速替换等问题。应急管理中间件层负责对云计算的资源进行管理，并对众多应用任务进行调度，使资源能够高效、安全地为应用提供服务。SOA 构建层将云计算能力封装成标准的 Web Services 服务，并纳入到 SOA 体系进行管理和使用，包括服务注册、服务查找、服务访问和构建服务工作流等。其中应急管理中间件层和资源池层是云计算技术的最关键部分，SOA 构建层的功能更多依靠外部设施提供。

应急云计算的管理中间件负责资源管理、任务管理、用户管理和安全管理等工作。资源管理负责均衡地使用云资源节点，检测节点的故障并试图恢复或屏蔽之，并对资源的使用情况进行监视统计；任务管理负责执行用户或应用提交的任务，包括完成用户任务映像（image）的部署和管理、任务调度、任务执行、任务生命期管理等；用户管理是实现云计算商业模式的一个必不可少的环节，包括提供用户交互接口、管理和识别用户身份、创建用户程序的执行环境、对用户的使用进行计费等；安全管理保障云计算设施的整体安全，包括身份认证、访问授权、综合防护和安全审计等。

应急云计算存储技术与传统数据存储技术相比较，除了需要保证相应的计算机设备之外，还需要提供相应的应急存储设备与特殊网络设备，以构成相对完善的应急云数据存储系统。通常应急云数据存储系统由访问层、应用接口层、基础管理层和存储层四个部分组成，如图 2-3 所示。通过四个部分的相互配合，实现应急云数据的存储与处理功能。

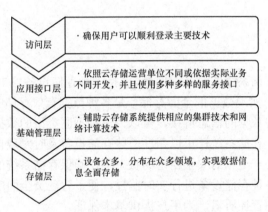

图 2-3　应急云计算层次结构

2.3.1　访问层

在已经设计好的应急云存储系统中，只要获得相应授权的用户，便可以通过相应的公用客户端登录到应急云存储系统之中。但这种登录系统需要用户具有自身独立授权，因此可以有效地避免用户出现信息丢失等问题。为确保用户可以顺利地登录，通常应急云存储系统采用的接口为标准公用接口。获得授权的用户,不仅可以完成相应的登录操作,同时还可以享受应急云存储系统提供的相应服务。用户可以根据自己的需要合理选择相应的应急云存储系统,以满足自身对数据存储的需要。

2.3.2 应用接口层

应用接口层属于应急云存储系统中较为灵活的组成结构,不仅为访问层提供相应的服务以完成数据存储等功能,而且能够依据实际业务的不同,开发多种多样的服务接口,具有较大的灵活性。这就要求供应商在提供应急云存储服务时,需要同时提供不同类型的服务接口,以满足不同应急云存储系统的需要。例如,IPTV 平台、点播(视频)应用平台、监控(视频)应用平台等可借助多种多样的应用接口层实现。

2.3.3 基础管理层

基础管理层属于应急云存储系统的核心组成部分之一,主要为云存储系统提供相应的集群技术和网络计算技术,实现向海量存储设备提供相应服务,促进多种存储设备的协同作业,提升系统访问性能,提升应急云存储质量。此外,为确保应急云存储数据具有更高的安全性,有一部分数据只能对授权用户开放,这需要在基础管理层完成。在应急云存储系统中常用的高级安全保障技术主要有内容分发网络系统(content delivery network,CDN)、数字加密技术等,还可以使用数据备份、容灾等技术,确保信息数据的完整性与安全性。

2.3.4 存储层

存储层是应急云存储系统的最基本部分,支持多种存储设备,如 SCSI、NAS、IP、DAS、SAS、FC 光纤通道等,实现数据的全面存储,是多种数据有效存储的根本保障。存储设备之间通过高速网络实现数据的信息链接,可以为多种不同类型的数据处理提供保障,并对多链路冗余进行管理。存储系统还可以帮助一些存储设备及时发现自身存在的故障,有利于各种存储设备维持在一个相对安全稳定的状态下,确保存储系统的整体质量。利用存储设备管理系统可以对各种存储设备进行实时监控,便于管理员全面掌握设备的具体情况,提升应急云存储系统的管控质量,为用户提供基本保证。

基于应急云计算的层次结构,下面以 IaaS 云计算为例,简要介绍云计算的实现机制,如图 2-4 所示。

用户交互接口以 Web 服务方式向应用提供访问接口,获取用户请求,并从目录中调用一个服务,服务目录是用户可以访问的服务清单;之后将服务请求传递给系统管理模块,为用户分配恰当的资源;系统管理模块负责管理和分配所有可用的资源,其核心任务是均衡负载;然后调用配置工具为用户准备运行环境,配置工具负责在分配的节点上准备任务运行环境;监视统计模块负责监视节点的运行状态,并完成用户使用节点情况的统计。

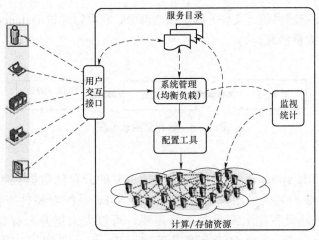

图 2-4 云计算的实现

2.4 应急云计算核心技术

由 Google 开发的 GF 云计算系统运用了许多技术,其中以编程模型、数据管理技术、数据存储技术、虚拟化技术、云计算平台管理技术最为关键。

MapReduce 模型是 Google 开发的 Java、Python、C++编程模型,是一种简化的分布式编程模型和高效的任务调度模型,用于大规模数据集(通常大于 1 TB)的并行运算。MapReduce 模型的基本思想是将要执行的问题分解成 Map(映射)程序和 Reduce(化简)程序两步完成:先通过 Map 程序将数据切割成不相关的区块,分配给若干计算机处理,实现分布式运算;再通过 Reduce 程序将分布式计算结果汇总输出,从而完成大数据集的处理。MapReduce 模型是严格的编程模型,这使云计算环境下的编程显得非常简单。

2.4.1 云存储技术

云计算系统由若干服务器组成,可以同时为大量用户提供服务,因此云计算系统可以采用分布式存储的方式保存数据,用冗余存储的方式保证数据的可靠性。在云计算系统中,采用开源的 Google GFS 实现 HDFS。

1. HDFS

HDFS(hadoop distributed file system)是 Hadoop 团队开发的云计算存储技术,主要特点是采用分布式存储文件,其文件系统囊括了众多数据存储节点与数据管理节点。在 HDFS 框架中,中心服务器为 Namenode,用户对文件的访问主要通过客户端和 Namenode 管理系统实现。每一台普通计算机对应着一个 Datanode 节点。存储系统在实际运作中,使用的形式与这些单机文件系统具有很多相似之处。例如,在 HDFS 存储系统中,可以创建目录,但系统底层程序会对已经创建的目录文件进行分割,形成相应的 Block;之后,针对 Block 以不同的方式进行存储,确保可以达到容错容灾的效果。创建过程如图 2-5 所示。在 HDFS

系统中，Namenode 管理系统（文件）属于核心部分，它可以通过 Datanode 节点分割 Block 的记录状态，获取大量信息。

图 2-5 云存储创建过程

2. GFS

GFS（google file system）文件系统是一种重要的云存储数据技术，其特点是分布式或扩展式的，能够满足大量用户对数据的访问。GFS 系统对硬件方面的要求并不高，一些成本低廉的硬件设备完全满足其运行需要，可以大大提升云存储的性价比。GFS 存储系统由两部分构成：一个 master 和若干 chunkserver，这可以实现对大量用户的并发访问服务，且在服务中并不限制数据资源。chunkserver 的存在还为同步服务提供了有力保证。

2.4.2 海量数据管理技术

应急云计算需要对分布的、海量的数据进行处理和分析，因此，数据管理技术必须能够高效地管理大量的数据。云计算系统中的数据管理技术主要有 Google 的 BT（BigTable）数据管理技术和 Hadoop 团队开发的开源数据管理模块 HBase。其中，BT 是建立在 GFS、Scheduler、Lock Service 和 MapReduce 之上的一个大型分布式数据库。与传统的关系数据库不同，BT 把所有数据都作为对象来处理，形成一个巨大的表格，采用分布式存储大规模结构化数据。Google 的很多项目使用 BT 存储数据，包括网页查询、Google earth 和 Google 金融等服务。这些应用程序对 BT 的要求各不相同：数据大小不同（从 URL、网页到卫星图像等），反应速度也不同（从后端的大批量数据处理到实时数据服务）。对于不同的要求，BT 都能够提供灵活高效的服务。

2.4.3 虚拟化技术

云计算虚拟化技术是一种密集的计算模块，结合了多种类型的计算机数据采集和处理方法。云计算虚拟化技术的发展与很多因素有关，如分布式系统、信息安全和软件服务等，这些因素推动了云计算虚拟化技术的发展。同时，云计算虚拟化技术也带动了相关技术和产业的发展。

虚拟化技术将物理资源映射为虚拟资源，可以在多个线程或程序中共享物理计算资源。该技术可以根据用户的不同需求，动态地改变虚拟化的计算机资源，大大减少了资源的浪费，降低管理成本。虚拟化平台由若干虚拟机组成，每台虚拟机可以使用所有的物理硬件资源。虚拟化技术通常分为两类：完全虚拟化和半虚拟化。完全虚拟化具有良好的兼容性，但增加了软件的复杂性，可能给用户造成一些损失；半虚拟化要求更改用户的操作系统，升级后比较接近其物理计算机的性能。目前虚拟化服务器平台主要有 VSphere 和 KVM 两种。VSphere 是面向企业的虚拟化平台,主要组件是 VMware ESX/ESXi,完全支持虚拟化和半虚拟化。由于服务器(Server)和虚拟机监视器(Hypervisor)占用了大量资源,并且大多数资源都已完全虚拟化,因此其性能较低。KVM 使用 QEMU 设备,实现了完全虚拟化,可以在多个硬件平台上运行。

2.4.4 云计算平台管理技术

云计算资源规模庞大,服务器数量众多,分布地点广泛,可以同时运行数百种应用服务。如何有效地管理这些服务器,保证系统提供不间断的应急服务是一个巨大的挑战。

应急云计算系统的平台管理技术能够使大量的服务器协同工作,方便地进行业务部署和开通,快速发现和恢复系统故障,通过自动化、智能化的手段实现大规模系统的可靠运营。

2.5 应急云计算应用案例

下面以煤矿安全和智慧消防为例,分别介绍应急云计算的应用。

2.5.1 云计算在煤矿应急管理中的应用

煤矿应急救援是煤矿安全生产的重要组成部分。面对煤矿应急管理海量数据的多源异构性,数据具有明显的层次性特点,不同层面的数据都有独特的存储格式及相应的信息处理方案,符合大数据特点,需要采用云计算技术进行存储。

1. 煤矿应急管理的数据源

为了确保煤矿生产安全,煤矿企业基本上都安装了安全监控网络系统,这给煤矿应急管理提供了基础数据。主要有以下四个方面的数据来源。

(1)一次数据源。主要指煤矿各类传感器采集的实时数据,包括直接从传输系统采集的协议包数据、解调后从主机内存中取得的数据或从储存介质中取得的"即时数据"。

(2)二次数据源。指存储在云平台中的各类传感器上传的历史数据,以及经过联机事务加工处理后产生的新数据,如海量数据挖掘、智能分析与预警、风险评估、安全等级判定等业务数据,更好地为煤矿安全生产服务。

(3)煤矿事故现场数据。在煤矿事故应急处置过程中,事故现场的数据对掌握事故最新动态,从而进行正确决策具有关键性的作用。因此在事故现场,处置人员实时采集的现场图片、声音、视频等数据,这些数据以非结构化、多模态的组织形式为主,并且具有相应的采集标准。

(4)与煤矿事故应急救援相关的互联网数据源。互联网是一个大数据库,各种各样的数据应有尽有,其中包括各种煤矿安全数据、涉事煤矿基本数据信息等,这些数据在应急救援中也是需要的。

2. 煤矿数据的特点

随着数字化煤矿乃至智能化煤矿的发展，由此产生了越来越多的数据，这导致数据管理方式的变革，需要从传统的数据库技术转移到大数据数据库管理模式。对于煤矿的应急管理数据，具有以下特点。

（1）数据规模大。煤矿企业在生产过程中产生的数据是很重要的动态数据，是以监测点为服务对象进行采集和存储的数据，包括了以瓦斯为主的环境监测数据（如 CO 和 CO_2 的浓度、温度、风速、风压、顶板离层移动距离等）、设备信息（如设备温度、供电电流、电压、开停时间、工作压力、润滑压力、移动设备位置信息等）、井下人员信息（如人员数量、所处位置、移动方向、携带装备等）及空间信息等测量数据。

（2）数据的种类繁多。煤矿安全生产监测数据类型可分为监测瞬时值、平均值、累计值和平衡后的瞬时值、平均值、累计值等结构化数据，同时还存在矿图数据、GIS 数据、监控视频及图像数据、应急知识、应急预案、事故案例等半结构化和非结构化数据，并且此类数据所占比例呈越来越多趋势。

（3）系统处理对象不仅仅是数据，还包括推理信息、用来辅助的决策预案、相关典型案例信息等数据。

（4）从以计算为中心转变到以数据处理为中心，数据不仅仅是访问的对象，而应当转变成一种基础资源，通过对数据进行深入分析，使其产生更多的附加价值。

从上述介绍可以看出，煤矿生产监测数据具有典型的大数据特征，因此需要利用云计算进行存储和处理。

3. 基于 NoSQL 的煤矿应急管理海量数据存储模式

NoSQL 是一个云计算背景下蓬勃发展的分布式、非关系型数据库系统，是一个和传统的关系型数据库（relational data base management，RDBM）具有很大不同的另一类数据结构化存储管理系统。NoSQL 是指那些非关系型的、分布式的、不保证遵循 ACID［原子性（atomicity）、一致性（consistency）、隔离性（isolation）、持久性（durability）］原则的数据存储系统，支持半结构化、结构化数据的高并发读写、存储键值、列族、文档、图等多种数据类型，如 HBase、HyperTable 就属于这种类型。用户在表格存储一系列的数据行，每行包含一个可排序的行键（row key）、列族（column family）及时间戳（time stamp）信息。行键可以看作表的主键，所有记录按照它排序；时间戳是每次数据操作的时间，可以视作版本号；表在水平方向上是由一个或多个列族组成，列族就是很多列的集合，而且列的数量可以动态扩展，一个列族下的列都有同一个前缀。下面以矿井传感器瓦斯浓度变化数据为例说明。

某矿井的瓦斯浓度传感器变化数据存放的逻辑视图见表 2-1。

表 2-1 矿井传感器瓦斯浓度变化数据存放逻辑视图

Row Key	Time Stamp	Column Sensor Position	Column Concentration		Column Overrun Time	
GasSensor	T_4	13 采区回风	Concentration: BeginOverrun	0.84	OverrunTime: BeginOverrun	22:20:20
	T_3	13 采区回风	Concentration: MaxOverrun	4.25	OverrunTime: MaxOverrun	22:39:36

续表

Row Key	Time Stamp	Column Sensor Position	Column Concentration		Column Overrun Time	
Data	T_2	13 新瓦斯泵站	Concentration: BeginOverrun	0.97	OverrunTime: BeginOverrun	22:19:37
Changes	T_1	13 新瓦斯泵站	Concentration: MaxOverrun	5.40	OverrunTime: MaxOverrun	22:32:27

其中，瓦斯浓度用列族 Concentration 存储，有两列分别存储开始超限浓度（Concentration: BeginOverrun）和最大超限浓度（Concentration: MaxOverrun），属于同一个列族 Concentration（浓度）；超限时间用列族 OverrunTime 存储，有两列分别存储开始超限浓度的发生时间（OverrunTime: BeginOverrun）和最大超限浓度的发生时间（OverrunTime: MaxOverrun）。每一次的逻辑修改都有一个时间戳与之对应，可以作为版本号，如 T_1、T_2、T_3、T_4 等。用列族 SensorPosition 来区别各个位置的瓦斯传感器，如新瓦斯泵站、采区回风等。由于 HBase 是按照列存储的稀疏行/列矩阵，物理模型实际上就是把逻辑模型中的每一行进行分割，并按照列族存储，如表 2-2、表 2-3、表 2-4 就是表 2-1 在物理上的存储方式。

表 2-2 矿井传感器瓦斯浓度变化数据物理存储模型——位置

Row Key	TimeStamp	列"SensorPosition"
GasSensor	T_4	13 采区回风
	T_3	13 采区回风
Data	T_2	13 新瓦斯泵站
Changes	T_1	13 新瓦斯泵站

表 2-3 矿井传感器瓦斯浓度变化数据物理存储模型——浓度

Row Key	TimeStamp	列"Concentration"
GasSensor	T_4	Con: BeginOverrun 0.84
	T_3	Con: MaxOverrun 4.25
Data	T_2	Con: BeginOverrun 0.97
Changes	T_1	Con: MaxOverrun 5.40

表 2-4 矿井传感器瓦斯浓度变化数据物理存储模型——超限时间

Row Key	TimeStamp	列"OverrunTime"
GasSensor	T_4	Time: BeginOverrun 22:20:20
	T_3	Time: MaxOverrun 22:39:36

续表

Row Key	TimeStamp	列"OverrunTime"
Data	T_2	Time：BeginOverrun 22:19:37
Changes	T_1	Time：MaxOverrun 22:32:27

对于煤矿安全生产应急管理来说，除了各类监控系统不断产生的实时数据形成海量数据以外，煤矿井下作业视频也是煤矿海量数据的重要来源之一。如何对井下视频产生的海量数据进行深入的分析挖掘，从这些非结构化的视频流及图像数据中提取出有效的信息，为煤矿日常应急管理和事前预警提供决策依据，就成为重要的应急技术研究方向。通过"云计算+物联网+工业互联网"能够满足煤矿的智能化、安全化生产需求，实现传统工业向新型工业的转变。

4. 煤矿突水信息检测平台

煤矿水检测平台系统，可以采集煤矿水文相关信息，实现水文传感器动态监测，对异常传感器及报警信息进行及时跟踪处理，统计相关历史数据并对其进行管理和应用，实现数据分析、预警提醒服务等功能。系统设计内容包含水情数据的采集、存储、监控、多维度对比分析、预警、GIS 展示服务等，为该领域水文监测和预警模型的研究提供相关的数据支持，为矿井安全生产提供保障，响应国家在煤矿水情监测预警领域的战略需求。下面以华北地区典型煤矿水情在线监测预警系统为例说明，其功能模块图如图 2-6 所示。

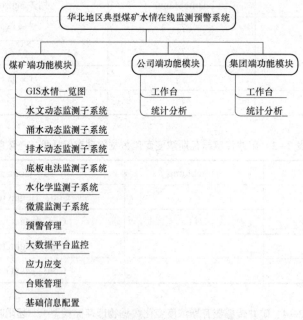

图 2-6　煤矿水情在线监测预警系统

该系统主要分为煤矿端、公司端和集团端三个部分，也可以称作三类角色，由三个角色入手，实现包含水情数据的采集、存储、监控、多维度对比分析、预警、GIS 展示服务等功能，为该领域水文监测和预警模型的研究提供相关的数据支持，为矿井安全生产提供保障。

1）煤矿端

煤矿端分为 GIS 水情一览图、水文动态监测子系统、涌水动态监测子系统、排水动态监测子系统、底板电法监测子系统、水化学监测子系统、微震监测子系统、预警管理、大数据平台监控、应力应变、台账管理、基础信息配置 12 个子功能模块，主要提供矿井水情相关实时监测数据、历史数据、预警配置、预警信息统计展示及系统基本信息配置等功能。图 2-7 与图 2-8 是煤矿端的两个典型操作功能，在传感器读取到的数据通过云计算技术在云端进行分析处理，然后将结果返回前端。

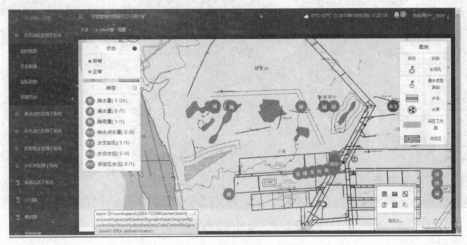

图 2-7　GIS 水情一览图

在图 2-7 中，展示了基于 GIS 的水情信息情况，包括排水量、涌水量，其他信息还包括降雨量、突水点水量、水文钻孔、水仓水位和采空区水压等。

图 2-8　水文动态监测子系统

在图 2-8 中，展示了矿井水文动态变化图，包括监测点位置、监测点编号、水位标高、水位埋深和水温等信息，能够直观看到数据的变化。

2）公司端

公司端分为工作台和统计分析两个子模块。工作台模块将公司属下的煤矿综合监测信息进行对比展示，如降雨趋势、矿井统计、涌水量统计、排水量统计、突水点统计及预警信息和预警趋势等，各类监测项以图形化的方式动态呈现，显示界面如图2-9所示。统计分析以公司或煤矿信息、监测日期、相关指标来统计，界面如图2-10所示。

图2-9　公司端工作台界面

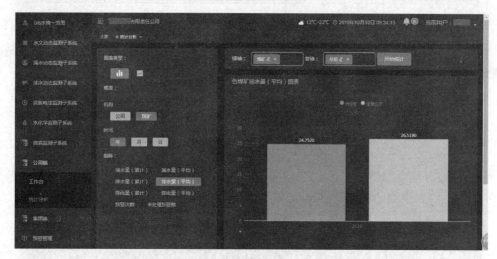

图2-10　公司端统计分析界面

3）集团端

集团端分为工作台和统计分析两个子模块。工作台模块以集团维度对旗下所属公司的综合监测信息进行对比展示，将降雨趋势、矿井统计、涌水量统计、排水量统计、突水点统计及预警信息和预警趋势等各类监测项以图形化的方式动态呈现，界面如图2-11所示。统计分析以机构（集团、公司、煤矿）、时间、相关指标来统计，界面如图2-12所示。

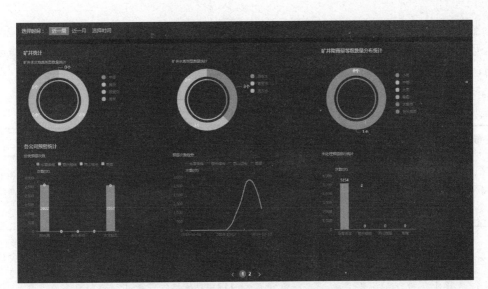

图 2-11　集团端工作台界面

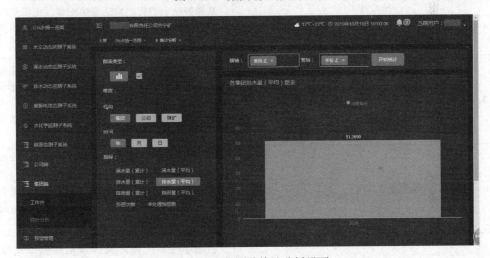

图 2-12　集团端统计分析界面

2.5.2　智慧消防云平台

消防安全是政府工作的重中之重，其一头连接着千家万户，一头连接着经济社会发展，是社会平安建设的重要内容。近年来，随着社会经济的快速发展，城市消防安全工作面临着前所未有的挑战，传统消防管理模式与新形势、新任务不相适应的矛盾日益凸显。随着大数据、云计算、物联网、人工智能、机器学习、5G 等现代信息技术的发展和成熟，其应用已经深入到社会经济发展的方方面面，正在推动和引发新一轮的社会变革。在此背景下，智慧消防适时而出。

我国的智慧消防也随着信息技术的发展而经历了一个"由点到面、由小到大"的发展历程，先后出台了一系列有关消防的政策文件，部分文件见表 2-5。尤其是自 2017 年 10

月,当时的公安部消防局发布了《全面推进"智慧消防"建设的指导意见》(公消〔2017〕297 号)以后,全国各地消防部门围绕智慧消防积极建设,用技术武装消防,用信息驱动消防,掀起了全国性的智慧消防建设热潮。

表 2-5 智慧消防相关政策文件(部分)

发布时间	发布单位	政策名称	主要内容
2014 年 4 月	公安部、住建部、国家文物局	关于加强历史文化名城名镇名村及文物建筑消防安全工作的指导意见	提出要充分认识加强文物建筑消防安全工作的重要性,健全消防安全责任体系,加强消防基层建设,强化火灾防控措施
2014 年 4 月	公安部、消防局	古城镇和村寨火灾防控技术指导意见	从消防安全分析评估及消防规划、消防安全布局、建筑防火、公共消防设施及装备、火灾危险源控制等方面对古城镇和村寨的火灾防控工作提出技术性指导意见
2014 年 6 月	公安部、消防局	小加工作坊火灾防控技术指导意见	从建筑防火等级、消防设施配备、火灾危险源控制、消防安全管理等方面,对小加工作坊的消防安全工作提出明确要求
2014 年 8 月	国家发改委、工信部等八部委	关于促进智慧城市健康发展的指导意见	运用物联网、云计算、大数据、空间地理信息集成等新一代信息技术,促进城市规划、建设、管理和服务智慧化的新理念和新模式,建设智慧城市,对加快工业化、信息化、城镇化、农业现代化融合,提升城市可持续发展能力
2014 年 12 月	国务院	关于加快应急产业发展的意见	支持企业发展,培育大型企业集团,促进应急特色明显的中小微企业发展,同时要推广应急产品和应急服务,激发全社会对应急产品和服务的消费需求,完善重要公共场所应急设施设备的配置标准
2015 年 6 月	工信部、国家发改委	应急产业重点产品和服务指导目录(2015 年)	明确了今后一段时间国家重点鼓励发展的应急产品和服务内容,《指导目录》"3.3.1 消防产品"中提到"灭火剂:用于哈龙替代的合成类气体灭火剂,A 类泡沫、高效无氟泡沫灭火剂,D 类、F 类灭火剂,金属火灾专用灭火剂等"及"自动灭火系统:水系、泡沫、洁净气体灭火系统等"
2017 年 10 月	公安部、消防局	全面推进"智慧消防"建设的指导意见	打造城市消防远程监控系统"升级版",综合利用 RFID(射频识别)、无线传感、云计算、大数据等技术,依托有线、无线、移动互联网等现代通信手段,整合已有的各数据中心,扩大监控系统的联网用户数量,完善系统报警联动、设施巡检、单位管理、消防监督等功能

"智慧消防"是利用物联网、人工智能、虚拟现实、移动互联网+等最新技术,配合大数据云计算平台、火警智能研判等专业应用,能够实现城市消防的智能化,提高信息传递

的效率，保障消防设施的完好率，改善执法及管理效果，增强救援能力，降低火灾发生及损失。相比传统消防，智慧消防的作用主要体现在智慧防控、智慧管理、智慧作战、智慧指挥四个方面。

智慧防控是指利用现代信息技术辅助人类进行灾害防护，有效控制灾难发生和降低灾害损失；智慧管理是指人类通过信息技术、人工智能技术等技术手段，达到对灾害发生的无人监测、有效控制、高效管理的目的，提高消防工作效率；智慧作战是指前、后端的消防指战员利用智能技术进行消防作战，前线队员利用智能消防设备，如智能无人灭火机、高科技消防车等，精准灭火，后台指挥员根据整体灾场状况，高效指挥；智慧指挥是指利用现代信息技术、人工智能技术实现灭火、救援指挥的智慧化，精准消灭灾害，有效提高消防效率。

根据2020年的统计，我国全国共接报火灾25.2万起，死亡1 183人，受伤775人，直接财产损失40.09亿元。与2019年相比，上述火灾四项指标分别下降1.4%、13.6%、12.8%和0.5%，在火灾总量与上年接近持平的情况下，伤亡人数明显减少，这说明智慧消防的实施发挥了重要作用。从2011—2020年我国较大火灾、重大火灾、特别重大火灾的情况看（见图2-13），也可以看出重大火灾在2017年后呈现逐年下降趋势。

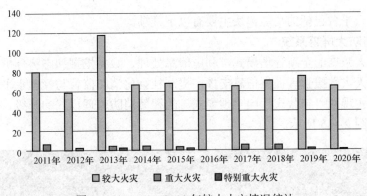

图2-13　2011—2020年较大火灾情况统计

智慧消防云平台是指综合运用计算机及网络、RFID、无线传感、多信息融合、一维/二维识别码、移动通信终端等技术，实现海量数据的分布式存储和计算，并将结果返回控制中心，提高消防的精准度和效率。其所用终端通信设备可采用宽带、企业局域网、GPRS/3G/4G/5G、电话线通信等多种通信方式，相关职能人员配备的物联网智能终端提供精准的人员实时位置监控、在线电子派单、电子地图导航、电子回单系统、数据远程传输等信息，同时具有火灾信息自动接收、消防视频集中监控管理、自动巡检、极早火情预警报警、自动扑灭、智能救援指挥及调度、人员动态管理、实时调度维修维护作业等功能。及时、准确、完整地传递信息，加强城市防灾能力，提高政府公共消防服务水平，提升整个城市的安全意识，让城市安全信息网络在智慧消防中发挥重要作用。

从技术层面讲，智慧消防云平台包含了云计算中SaaS、PaaS、IaaS三类模块，结合传感器、物联网等技术，主要架构如图2-14所示。

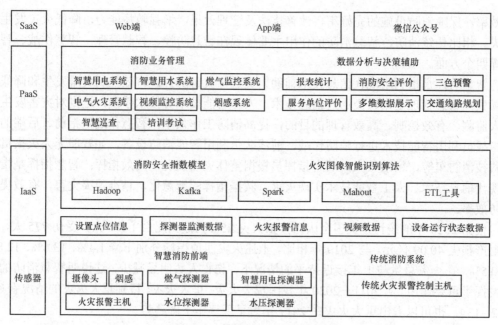

图 2-14 智慧消防云平台系统架构

智慧消防云平台包括的功能模块主要有以下几项。

1. 智慧消防大屏幕系统

运用消防大数据的全新管理模式，利用信息处理、数据挖掘和态势分析等技术，为防火监督管理和灭火救援管理提供信息支撑，提高社会化消防监督与管理水平，增强消防灭火救援能力，实现从"补救式"向"预警式"的智慧消防管理模式的升级。智慧消防大屏幕系统页面如图 2-15 所示。

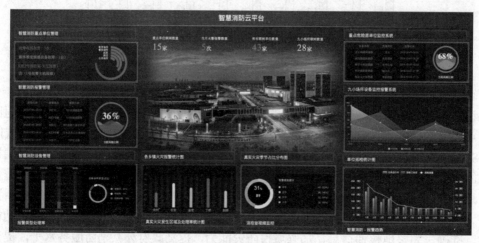

图 2-15 智慧消防大屏幕系统

2. 智慧烟感报警系统

智慧烟感报警系统通过融合"物联网+消防"的创新理念，与智能传感器相结合，集成无线烟感探测物联网应用，通过智能平台对接业务，实现烟感智能报警，以及设备的可视化管理。主要功能包括实时监测、信息推送、监控管理、自检上报、报警定位、通知公告等,界面如图 2-16 所示。

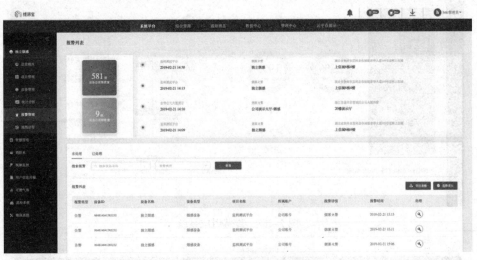

图 2-16 智慧烟感报警系统

将 NB 智能烟感传感器安装在房间、走廊等重点部位,一旦出现火情,传感器感应到烟雾到报警仅需要 2 s,然后通过智能烟感的 SIM 卡直接向应急云平台端发送报警信息;平台接收到报警信息后调出预设责任人的电话信息,在 3 s 内自动电话拨号通知给相关的责任人员,告知火灾报警位置,提醒责任人进行现场确认。如若确认为误报,平台会取消报警;如若确认为火警,平台第一时间会反馈给所有相关的终端,通知人员及时撤离。监管中心人员可针对报警点位视频进行查看,确保掌握现场情况,进行远程灭火和救援指挥。

3. 智慧用电系统

通过物联网技术对电气引发火灾的主要因素(如导线温度、电流、电压和漏电电流等)进行不间断的数据跟踪与统计分析,实时发现电气线路和用电设备存在的安全问题[如线缆温度异常、短路、过载与过(欠)压、漏电等],消除电气火灾隐患。同时将相应信息上传到云服务器,用户可通过智能手机终端看到各种信息,及时处理各种异常情况,防止过流、漏电引起的火灾和触电事故发生,保证用电安全。智慧用电做到了电气火灾隐患提早发现、及早治理,实现了从人防到技防的转变,从根本上解决了人员少、监管难的问题,预防了因电气线路隐患而引起的火灾,从源头上遏制了电气火灾的发生。智慧用电系统界面如图 2-17 所示。

4. 智慧消防水系统

智慧消防水系统对消防用水管道水压及消防水池的水位进行实时监测,避免发生火灾后出现无水可用的情况发生。消防水检测系统通过设置测量点的工作阈值,超限数据实时报警,通过传输网络将消防水信息实时传输至平台,为消防水系统的维修检查、设备保养等工作带来便利,确保消防水系统在火灾发生时能够真正发挥作用。智慧消防水系统的主要功能有:故障巡检、水池液位监测、预警提醒、管网压力监测、设备定位、消防栓压力监测等。消防水系统的液位监测界面如图 2-18 所示,消防水系统的液压监测界面如图 2-19 所示。

图 2-17　智慧用电系统

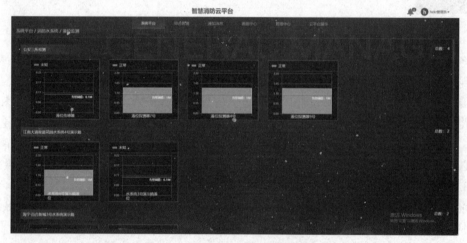

图 2-18　消防水系统——液位监测

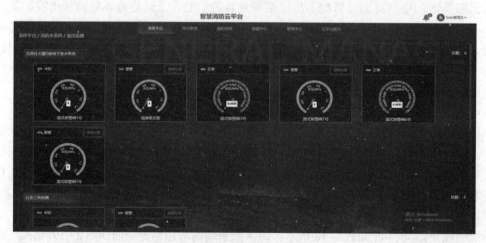

图 2-19　消防水系统——液压监测

5. 智慧消防综合管理

综合管理是对设备的实时数据（如点位信息、报警信息和视频监控信息等）进行在线监管，对业务系统（如维保、隐患排查等）进行详细分析。模块的主要功能包括视频查看、报警统计分析、图表展示火灾报警总次数、火警次数、误报次数等，可以对火灾报警响应率、平均响应时间进行分析研判，对设备完好率进行分析，对未检修设备数量、设备故障平均维修时间等进行分析研判。智慧消防综合管理界面如图 2-20 所示，相关数据分析功能的界面如图 2-21 所示。

图 2-20 综合管理界面

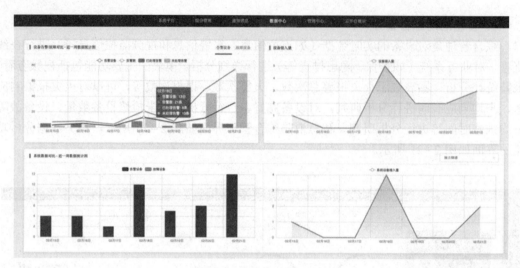

图 2-21　数据分析界面

　　智慧消防的建设，大大减少了火灾的发生，提高了消防工作的效率。消防物联网可以对建筑物内部的消防烟感、温感、光感、消防泵房及各楼层消防水管压力等信息进行实时监控和上传。在不改造原有消防设施的前提下，采用增加智能消防传感器的方式，用极简单的安装和较少的投入，就可以加强对重要防火部位、场所等的防火实时监控及大数据智能感知，极大地解决了国内消防火灾探测报警的短板。

2.6　应急云计算存在的问题及未来展望

　　虽然云计算在应急管理的各个阶段都得到了广泛的运用，但是在现有的应急云计算产品中也存在许多问题，这也是未来努力的方向。

1. 信息化基础薄弱，安全可靠性差

　　尽管信息技术发展很快，应用也不断推广，但很多地方仍然以传统的方式应对紧急情况，应急调度指挥还处于简单的电话、文书报告阶段，技术落后，功能单一，只具备简单的基础设施。尤其是在欠发达地区，无法连接到乡镇街道，不足以支撑应急指挥信息网、应急物联感知网的部署实施，远不能满足应急管理和防灾减灾、抗灾救灾工作的需要。有些地区的应急云平台，除核心交换机外均为单一设备，无相关冗余，无灾备，存在较大的单点故障风险。因此在这些地区亟须建设智能化的应急管理指挥系统，全面提高应急管理指挥能力和应用水平。

2. 资源缺乏有效整合，信息孤岛现象严重

　　按照我国目前现状，因应急管理部成立时间尚短，有些转隶单位的应急信息化系统仍分散在原有单位，各部门应急管理系统标准不一，技术手段采用不一，信息化工作支撑模式不一，数据资源缺乏建设标准和规范依据等问题突出。相关应急部门已经积累了大量的应急信息数据资源，但因缺乏统一标准和规范，未能形成上下贯通、左右衔接的应急管理信息资源互联共享模式，不能互联互通，仍存在"信息孤岛"现象。

3. 智能化程度较低，缺乏数据分析能力

对大数据、物联网、人工智能等新技术的引入进度较慢，技术与业务融合度不高，对安全生产、自然灾害风险、消防、渔港监测及防范等仍以人工填报方式为主，缺乏对重大危险源、防火重点单位等有效的实时感知监测手段。

云计算技术在应急管理系统中的应用在逐步普及，而信息化作为当前创新社会治理方式的重要物质基础和必由之路，推动并更新其建设内容显得尤为重要。信息化手段的设计运用，不仅将常态化的城市网格模式与应急管理内容融为一体，更在依托社会资源的基础上，将应急管理平台在横向和纵向维度上进行双重设计，通过深入整合应急管理的网格化碎片，有效支撑起了各管理部门的网络化互联，保障了公共安全应急管理内容的精细化和范围的全覆盖。鉴于公共安全事件的突发性和多变性，如何利用云计算技术并有效融入应急管理之中，如何在预警预测和精准处置内容上进行功能和性能完善，仍需不断探索。

1. 如何理解应急云计算？
2. 应急云计算有哪几种类型？每种类型具备怎样的能力？
3. 应急云计算技术有哪些特点？
4. 云计算的体系结构主要包括哪些部分？它们各自的功能是什么？
5. 应急云计算层次结构由哪几部分组成？每一部分的主要功能是什么？
6. 应急云计算技术领域目前还存在哪些问题？未来的发展趋势体现在哪些方面？

第3章 应急物联网技术

应急物联网是随着物联网技术的发展和应用而兴起的，也是物联网的重要应用之一。1999年，美国麻省理工学院首次提出物联网的概念，即利用射频识别等技术，按照约定的通信协议，将物体利用互联网连接起来，通过信息互联实现对物体的智能识别和管理。2005年，国际电信联盟（International Telecommuni Cation Union，ITU）在信息社会世界峰会发布的报告中指出，物联网实现了人与人、人与物、物与物之间的连通。在信息技术的推动下，未来的社会经济发展将呈现出物－物连通的态势，通过物联网将人、物等信息建立连接，实现智能化识别和管理的覆盖网络，使生产和生活更加节能、高效、智能、便利。目前，物联网技术已经广泛应用于智能交通、物流、地质灾害监测、安防、智慧城市、应急救援、食品安全等领域。

3.1 应急物联网技术发展现状

随着物联网技术的不断成熟和广泛应用，应急物联网发展呈现出多元化、泛在化，几乎涉及所有防灾减灾、抗灾救灾和应急管理领域。物联网是一种物与物相连，并且能够相互传递信息的网络，通过射频识别（RFID）、全球定位系统、GIS、激光扫描器等信息传感设备，按照约定的协议，把物品与互联网相连接，并进行信息交换和通信，以实现智能化识别、定位、跟踪、监控和管理的一种网络。物联网的连接对象是物品，互联网是实现物联网的网络基础，物联网技术具有互联网的特点，通过网络间的各种协议传输信息。按照现代应急管理理论，应急管理包含四个阶段，即事前阶段、事发阶段、事中阶段和事后阶段，在每一阶段都可以通过应急传感器网络采集数据，上传至指挥中心。

3.1.1 国外应急物联网发展现状

人类社会的发展史表明，人类在不断发展经济、提高生活质量的同时，也不断地与各类自然灾害、人为灾害作斗争。因此物联网从一开始就具有应急物联网的性质，在加快生产发展、提高生产效率的同时，也在监测各类安全事件，预防事故的发生。从这个意义上说，应急物联网的研究与物联网的发展是一致的。

1. 美国物联网技术领先，物联网产业优势突出

凭借扎实的产业基础和技术优势，美国成为物联网技术研究和应用最早的国家之一，也是物联网发展的主导国之一。从1992年美国克林顿政府推行的"信息高速公路"开始，到1999年提出的"数字地球"，系统性的物联网研发就已经开启，这其中就包含了对地球灾害的监测网络。在21世纪初，美国又提出"智慧地球"的概念，将物联网技术推高到一个新台阶。美国不仅技术水平领先，基础设施及产业发展也走在世界前列。2009 年初，美国奥巴马政府将"宽带网络、物联网等新兴技术"定位为振兴经济和保障安全的、具有全球竞争优势的关键战略，将物联网技术提升到国家战略层面，以此推动物联网技术的普及应用。早在 20 世纪 60 年代，美国就逐步建立起了灾害监测预警体系，利用遥感卫星、无人机航拍、气象雷达、地面传感器、物联网等信息技术手段对洪水、飓风、地震等灾害进行实时监测，并将监测数据传输到互联网上，及时对公众开放，方便民众及时掌握灾情、险情状况和应急方案，也为科研人员开展灾害研究提供了基础数据。美国地质调查局建立的覆盖全联邦的地震台网"高级国家地震监测系统（ANSS）"，包含 7 000 多个地震传感系统，实现全美易受地震影响区域的全覆盖。

2. 欧盟重视物联网战略规划，推出多项发展策略

欧盟是全球最早将物联网发展和管理计划进行系统化的机构，凭借世界先进的互联网智能基础设备，欧盟的物联网技术处于全球的先进水平。欧盟委员会于 2009 年推出了一系列有关物联网发展的行动计划和战略方针，制订了"无线射频识别与物联网模型"计划，加大对物联网的研发力度，以巩固其在全球物联网发展中的领先和主导优势。早在 2014 年，欧盟就推出"全球环境与安全监测系统"，随时提供有关环境污染、水灾、森林大火及地震等灾害的可靠数据，提高解决危机的能力，减少和避免这些灾害和事故的发生，同时为欧盟制定环保政策和采取预防应急措施提供依据。

3. 日本制定国家战略，推动物联网发展

日本政府通过制定一系列的信息化发展战略，包括 e-Japan、u-Japan、i-Japan 等，大规模推动基于信息化的国家基础设施建设，大力发展"智慧泛在"构想及泛在网相关产业，将日本建设成"以国民为中心的数字安心、活力社会"的国家。日本自 20 世纪 60 年代出台《灾害对策基本法》以后，大力发展灾害监测预报系统，逐步建起了覆盖全国的监测网络。2004 年，日本政府筹建"全国瞬时警报系统"（J-ALERT），旨在建立覆盖日本各个岛屿的实时灾情报警系统，在日后防灾减灾过程中发挥了重要作用。

4. 韩国积极推动物联网国家战略，抢占应用先机

韩国同日本相似，重视泛在化网络建设与发展，在 2006 年就制定了 U-IT839 战略规划，提出将泛在的传感器网列入国家发展重点规划。之后又相继提出 U-Korea 战略和《物联网基础设施构建基本规划》，确定把物联网作为新经济的增长动力。希望通过这一系列策略，实现超一流信息与通信技术（information and communication technology，ICT）强国的目标。同时，为了确保在 RFID 和传感器网络行业占据全球前三的位置，接连颁布了许多推动 RFID 发展的相关策略。韩国非常重视物联网技术在防灾减灾领域的应用，从 20 世纪 80 年代开始，先后建起了地震观测网络和海啸预警系统、灾害监测中心紧急预警广播系统等覆盖全国的防灾网络系统，为韩国防灾减灾和应急救援起到重要作用。

3.1.2　我国应急物联网发展现状

与欧美、日韩等国家不同，我国的物联网技术发展要稍晚一些，但发展势头迅猛。2009 年，时任国务院总理的温家宝在无锡考察时就提出了"感知中国"概念，指出我国应加快传感网技术的发展，努力突破核心技术。同年又明确提出"要着力突破传感网、物联网的关键技术"，这在我国物联网技术发展史上属于里程碑式的事件。2010年的《政府工作报告》中，正式将"加快物联网的研发应用"上升到新兴战略性重点发展产业，意味着物联网技术上升到国家发展战略层面。之后国务院出台了若干政策，把信息产业列为七大战略性新兴产业之一，并把"新一代信息网络""三网融合、物联网、云计算"作为突破方向。我国在20世纪80年代就开始建设地震台监测网，后经过"九五""十五"一直到"十二五"规划，逐渐建立了覆盖全国的数字地震监测网络，包含监测台站3 000多个，极大地提高了我国地震监测的准确度和预报效率。从2003年起，我国就建立了"地质灾害气象风险预警+群测群防"的地质灾害监测预警网络，利用先进的传感器、互联网、通信网等对地质灾害易发点、气象灾害等进行监测，实时发布灾情信息。这种监测预警模式已运行十多年，成功避让各类地质灾害超过6 000起，极大地避免了人员伤亡和财产损失。

目前，应急物联网技术在我国的发展方兴未艾，在防灾减灾领域、在应急管理产业等方面都得到了广泛应用。为了共同推动物联网产业在我国的健康发展，由政府主导、科研机构和企业积极参与的"政产学研用"相结合的研发模式，为我国应急物联网技术提供了一个良好的发展空间。

3.2 应急物联网含义

应急物联网是利用感、传、知、用等物联网技术手段，结合RFID技术、无线传感、云计算、大数据等技术，通过互联网、无线通信网、专网通信网络等，对灾害发展动态进行智能化感知、识别定位、跟踪和应急管理。

3.2.1 应急物联网系统的组成

应急物联网结构可以分为应急数据感知层、物联网网络层和物联网应用层，如图3-1所示。

（1）应急数据感知层：该层负责对应急相关的信息进行采集和相互之间的信息传输，通过应急相关传感器、条码和二维码、RFID技术、音视频等技术和设备完成信息采集，利用数据传输技术、自组织组网技术、协同信息处理技术、信息采集中间件技术等信息传输技术实现传感器网络内部的信息交换。信息感知层是实现应急物联网全面感知的核心功能层，属于应急物联网中的关键技术，需要具有更精确、更全面的感知能力。

（2）物联网网络层：利用无线和有线网络对采集的数据进行编码、认证和传输，其中宽带网络、移动通信网络、微波通信等是实现物联网通信的基础设施，在物联网三层结构中属于标准化程度最高、产业化能力最强、技术最成熟、开放程度最高的部分。

（3）物联网应用层：该层提供丰富的基于物联网的应急服务应用，是应急物联网发展的根本目标。按照灾害性质和种类的不同，应急物联网提供的服务也不一样，如面向自然灾害的预警预报服务、面向生产安全的监控报警服务、面向气象灾害的报警服务等，最大化地降低灾害影响。

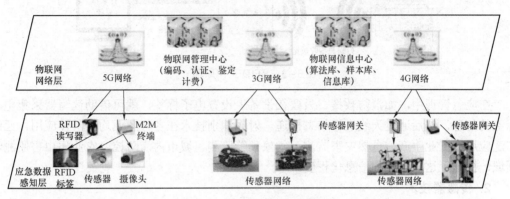

图 3-1　应急物联网结构层次

3.2.2　应急物联网关键技术

应急物联网技术具有智能识别和快速通信的功能，利用不同应急目的、不同种类的传感器，进行实时采集信息，这些信息的类型和格式具有很大差异，需要专门的智能化软件进行处理。

1. 射频识别技术

射频识别技术（RFID）作为智慧物联网中的核心技术之一，实质上是一种电子标签技术，如图 3-2 所示。

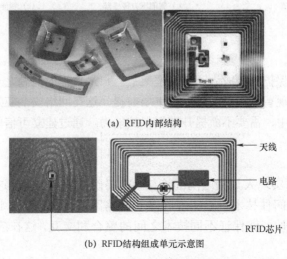

(a) RFID 内部结构

(b) RFID 结构组成单元示意图

图 3-2　RFID 标签示意图

射频识别技术借助于符号计算，可自动识别对象，对采集的信息进行标识和储存，完成初步的信息管理和登记。一个简单的射频识别系统，包括天线、电子标签和读写器三个部分，如图3-3所示。

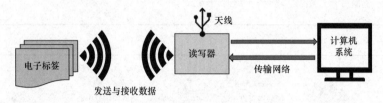

图3-3　RFID工作原理

在应急管理中，如消防救援，只要在设备上设置电子标签，就可借助读写器采集电子标签的信息，然后通过天线进行信息传递。射频识别技术在各行各业均有具体应用，已经广泛应用在工业生产、自然灾害监测、气象预警监测、城市内涝防控、农业病虫害监测等领域，提高了这些领域的信息化程度。

2. 传感器技术

在应急物联网的技术框架中，以传感器为节点构成无线通信网络，并使用多个传感器构成的感知网络系统，可实现某一区域内的智能对象搜索。无线传感技术的功能包括数据采集及量化、数据处理和融合、数据应用和传递三个部分。敏感元器件和转换元器件是传感器的两个主要组成部分，智能传感器具有自动搜索智能设备、传输数据和自动组网的能力，可以快速实现大规模的传感器组网，并与数据网络连接。消防用智能传感器如图3-4所示。

（a）智能烟感　　　　　（b）智能压力传感器　　　　（c）智能CO感应器

图3-4　消防用智能传感器

3. 隐私保护技术

数据安全和隐私保护日益成为互联网框架下客户最重视的问题之一，如何有效地保护接入信息的安全是实现智能物联网的一个重要前提，这在网络安全应急领域非常重要。在应急物联网发展过程中，需要不断提升数据保护能力，通过建立可信的安全设施，打消用户数据接入的疑虑。

4. 中间件技术

物联网技术能够实现人与物之间的连接，需要确保信息安全，这就有必要忽略和隐藏下层技术，利用中间件技术可以实现隐藏和忽略下层技术的复杂性。作为承接上、下层的关键一环，中间件能够保证不同技术之间的整合和交互，这在应急物联网中显得尤为重要。

3.3 应急物联网系统及应用场景

物联网应用领域十分广阔，几乎涵盖了日常工作、学习、生活、管理的方方面面，应用到应急管理领域就称作应急物联网系统。应急物联网可以实现全应急要素的实时监测与智能化处理，利用成熟的传感器技术，结合应急云计算和智能机器人对数据信息的实时收集、传输和共享，构建一个涵盖事前预警、事中处置与事后备查的服务型智能物联网监测预警处理平台。其本质是通过实时监测、主动监管与有效处置相结合，实现由被动管理方式向主动应急管理方式转变，最大化降低灾害损失和减少人员伤亡。例如，消防物联网利用若干种类的传感器，采集不同方位的温度、湿度、干燥度、消防水压力、蓄水池水位、烟雾浓度等信息，由智能网关收集并通过应急通信网传送到智慧消防云上，如图3-5所示。

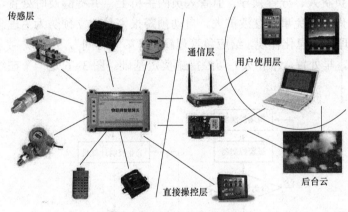

图3-5 智慧消防物联网系统

3.3.1 智能应急物联网监测预警平台

智能应急物联网监测预警平台是应急管理的基础设施，由应急物联网监控平台与预警App两部分组成。监控平台主要功能包括多源信息的实时采集、传输、存储、数据加工、数据分析、结果评判、决策和处理等，提供及时分级预警和报警服务等；应急物联网预警App主要功能包括历史数据比对、实时风险预警及动态监测控制处置等服务。

3.3.2 在线感知

在全过程应急管理中，应急物联网相当于给应急管理装上了"千里眼""顺风耳""感觉器官"，通过远程传输网络能够随时对高危行业在生产、存储、充装、使用等全过程和关键环节、重点防范区域及周边环境进行感知，实时监测监控、定位跟踪、自动识别、预警报警、分析决策、指挥处置等，形成视频、音频、压力、液位、温度、湿度、关键工艺、位置变化、有毒有害物品、易燃易爆气体状况、环境风速、风向、气温、雨量、酸碱度等全天候、全方位的信息大数据库,为进一步的数据分析提供支撑。应急物联网监控预警 App 可以根据后台提供的数据形成 24 h 状况在线服务,并通过智能移动终端及时推送给安全管理人员、负责人及相关领导随时掌握机构部门和企业安全现状;还可以通过视频查看各个生产环节的实时状态,随时了解生产状况,掌握安全生产和经营动态,有效预防生产事故的发生。

3.3.3 自动预警报警

在日常应急管理中,当传感器监测的环境感知参数(包括人的行为、灾情演化等)一旦超过常态或预设临界点时,立即自动发出预警报警信号,启动保护装置,采取保护措施,及时控制灾情蔓延。例如,当某个传感器发生预警,平台会发出报警声音和红色闪烁信号,对应位置的摄像系统则立刻弹出现场视频画面。与此同时,系统将自动发出报警短消息,分级报送到各级负责人、分管领导、监管人员的手机上,并提醒及时处置,实现远程维护和在线调度等工作,避免事故继续扩大。自动预警报警是树立预防为主理念、应急关口前移、提升源头治理的信息化体现,给应急管理赢得"第一时间",为实现"五早"(早知道、早发现、早报告、早处置、早扑灭)防控措施奠定基础。图 3-6 是一个在线感知并报警的流程图。

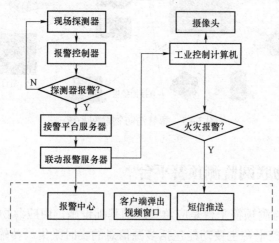

图 3-6 在线感知并报警的流程图

3.3.4 智能分析

通过智能应急物联网监测预警平台收集的多源感知数据(包括环境、行为、设施、管理、预案等),对其进行人工智能处理,通过自动识别、评估、分析和判断,形成综合分析报告,并在多维态势可视化系统中形成各种专业图层呈现出来,推送给相关的单位、部门、个人、管理者进行有针对性的应对。若情况严重,需要处置,则系统自动生成处置报告单,涵盖处置涉及的单位、部门及人、财、物和数量信息，提供给应急决策人员参考。

3.3.5 指挥调度

在灾害发生后，应急物联网将现场多维态势信息传送到可视化系统大屏幕上，指挥中心的人员根据智能分析结果，迅速地形成应急决策和处置方案，再通过语音、短信与实时对讲等方式下达指挥命令。随着指挥命令的下达，各项处置活动依次展开。由于现场情况不断变化，传回的现场动态数据通过智能分析，形成新的严重危险区域、危险区域、安全区域等评估态势图，指挥中心采取远程调度，救援人员不断到达指定位置或向某区域集结。例如，当应急物联网的检测系统扫描到肉眼无法察觉的高温点时，系统会自动生成标识，由指挥人员下达命令或系统自动下达语音短信来及时移动或调整消防水枪位置；如果建筑物有垮塌风险时，系统能够快速绘制出严重危险区域标识，并针对不同位置的救援人员发出撤离命令或自动生成撤离短信，指挥现场人员快速向安全位置集结。

3.3.6 现场救援

应急物联网系统能够根据救援人员的随身智能终端设备传回的信息，动态地形成已搜索区域的状态图像，现场指挥人员在电子沙盘上可直观地发现未搜索到的盲区，下达指令，有效提高救援的速度和质量，最大限度地挽救生命，保护受灾群众的财产安全。

3.4 物联网技术在应急救援中的应用

应急物联网在应急救援中的作用主要围绕灾前预警、灾中救援和灾后评估三个方面展开。

3.4.1 灾前预警

灾前预警工作对于防灾减灾至关重要，因此需要充分发挥智能信息技术在灾前的监测、预警等工作，尽量提前发现灾情，及时发出报警信号，通知附近的群众做好防灾准备工作，最大限度地减少生命伤亡和财产损失。

1. 红外传感器技术快速测量体温

2019 年底在湖北省武汉市暴发的新冠肺炎疫情，给我国带来了巨大灾难。新冠疫情实质上是由一种冠状病毒引起的呼吸道和肺部发炎疾病，由于没有特效药可以治疗，导致疫情快速传播。其外在表现之一是人体体温升高，因此通过测量体温可以有效地缩小新冠肺炎患者的辨识范围。这就需要一种快速测量体温的技术，实现对大量流动人口的可疑患者进行筛选。相比于传统的人工温度测量方法，在一定距离内，使用红外测温仪可以即时地测得人体准确温度，而不需要像使用体温计那样等待 3～5 min，这就大大地提高了工作效率，减少大量的人力、物力、财力。红外测温仪不需要直接接触患者，能够有效地降低传染的风险,如图3-7所示。

图3-7 红外测温

红外测温仪的工作原理,是根据电子元器件所发射的能量聚集在人的皮肤上,一般来说是手腕内部的位置,根据反射回来的能量比例多少来测定温度值的大小。由于它只能探测体表温度,而且很大程度上受到环境的影响,所以大部分情况下是在室内使用的。在室外使用就要保持足够近的距离,否则会影响它的探测精准度。红外探测仪受环境的影响较大,如周围的辐射量大小、风力大小等,但不会有太大的误差,一般来说误差在0.2~0.3 ℃,所以测出来的数据相对准确,这为工作人员和通勤人员提供了很大的方便。

2. 搭建地震预警系统

目前地震还是不能被准确预测,因此每年地震带给人类的伤害一直很大。但是地震发生前,有一些地震波信号可以被灵敏的仪器所感知,科学家就是利用这个原理制造出了地震仪。地震预警原理如图3-8所示。假设在A点布置一个地震监测仪,那么在震中地震发生后的第2 s,A点的地震仪器可以监测到地震波(通常是P波)信号。假设在0.01 s内,

图3-8 地震预警原理图

A 点的地震仪器将数据传到了地震速报中心,速报中心在 0.01 s 的时间内向公众发布地震预警,一般通过两种途径发布:一种是直接通知一些重要部门、机构等,便于它们采取果断措施;另一种是通知传媒机构,由它们向公众发布预警信息。假设这些发布途径耗时 0.01 s,那么人们在接收到这些警告之后,立即明白"地震要来啦!",果断采取各种可能的办法预防地震,尽可能地减少受灾损失。

按照地震预警原理,那么理想的预警系统能够产生什么效果呢?

假设 A 点收到地震 P 波后,2 s 内做出判断,发布地震预警,那么在 B 点及更远的需要重点保护的机构,在破坏力大的 S 波到来之前,可以有至少 10 s 的时间来启动应急预案,做好保护措施。虽然地震预警系统不能给震中附近(通常称作盲区)的人们带来足够的反应时间,但是对于几十千米以外的人来说,这样一个地震预警系统却可以带来足够的应对时间。

地震预警系统是一个以物联网为基础的信息传输系统,可实现全自动的秒级响应。通过在主要地震区域布设密集的地震预警监测仪器,在地震发生时,利用电磁波比地震波传播速度快的原理,在具有极大破坏力的地震 S 波到来之前,提前几秒甚至几十秒自动地向用户发出地震预警警报,公众可以据此及时采取避险措施,减少伤亡,重要工程紧急处置以减少经济损失和次生灾害影响。地震预警系统如图 3-9 所示。

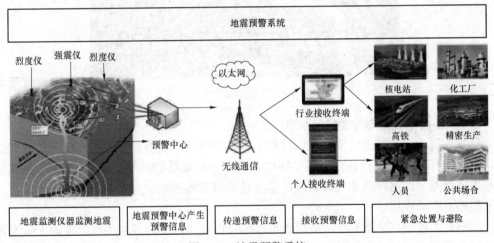

图 3-9 地震预警系统

从图 3-9 可以看到,一个成熟的地震预警系统大致包含以下几个部分:地震监测仪器,数据收集与计算中心,发布预警信息通道,接收终端等。个人或单位一旦接收到地震预警信号,能够迅速采取措施,紧急处置,减少灾害。

3.4.2 灾中救援

在灾害发生过程中,救援人员和决策者需要及时了解灾情现状,以便做出科学决策,将灾情尽快排除掉,最大化地挽救生命和保护财产。

1. 实现火情自动应急救援

从 2018 年开始,我国开始在湖南省部分地市进行"智慧燃气"试点,通过数字燃气、应急物联网、应急云计算等技术,将采集到的数据信息传送到指挥调度平台,实时掌握用户的天然气用量,分析、评估城市燃气系统的各项指标,对企业运行和用户服务等实际需求做出智能响应。为了解决当地老旧城区存在的安全隐患防范问题,电信企业与地方主管部门密切配合,将应急物联网应用于城区火情预警系统,建造智能消防工程,为居民提供24 h 火情自动应急救援服务。预警系统一旦感知到室内出现火灾烟雾,探测器就能立即感知火灾险情并通过网络发送报警信号至应急云处理平台,应急云处理平台在第一时间将精准的火灾位置与报警信息通过电话、短信、手机 App 等多种通道报送给用户及消防部门,实现初期火灾的实时监测、及时报警、即时联动,守护用户的生命财产安全。智能化火灾救援现场如图 3-10 所示。

图 3-10 智能化火灾救援现场

2. RFID 技术收集与传播灾区信息

日本政府非常重视灾情预警工作,利用科技手段及时发现灾害前兆,快速采取有效措施,将灾害扑灭在萌芽状态。射频识别技术就是一种重要的技术手段。RFID 标签被贴在避难道路路面上,这样避难者可以通过便携设备清楚地感知安全避难场所的具体位置,起到了很好的引导作用。

如果有人被埋在废墟当中,被困者可以通过内置 RFID 标签的手机给搜救人员发送具体位置信息,以便搜救者能以最快的速度展开营救。利用应急物联网技术,在轨道沿线和车辆上布置无线传感设备,将地震预警系统与轨道交通互相结合在一起,无线传感器能够实时地对地震信号进行信息采集、数据分析和发出预警信息,使得用户对即将发生或正在发生的地震灾害有一个正确的判断。在地震监测仪上安装的无线传感器,一旦有地震发生,传感器会马上向指挥中心输送信息。根据传感器设定的地震强度阈值,如果地震震级达到预先设定的阈值,那么系统就会立即发出警报并将相关信息发送出去,同时启动防御系统和应急方案,最大化地减少损失。

3.4.3 灾后评估

灾害处理完后,需要进行灾后重建、生产恢复、灾情溯源及灾害损失评估等科学研究工作，以便于总结防灾救灾经验，改进和完善预警系统，提高人类防灾减灾、抗灾救灾的水平，更好地保护人民群众的生命和财产安全。

3.5 应急物联网应用案例

应急物联网应用往往和云计算、大数据技术一起，共同实现防灾减灾、抗灾救灾和应急管理的目标。下面通过两个实际案例介绍应急物联网的应用。

3.5.1 基于情景的矿井水灾救援系统

煤矿突水是煤炭开采过程中经常遇到的生产灾害之一，对矿工生命安全和矿井财产损失危害极大，因此每个矿业单位都需要对井下突水进行监控和建立应急救援预案。矿井突水事故与专家决策系统具有独特的规律，针对矿井突水类型的特点，采用基于"情景-应对"模式的矿井水灾救援系统，可以满足迅速判断突水类型、对矿井突水关键要素进行识别和及时给出决策的要求。基于"情景-应对"模式的矿井水灾救援系统，以若干类别的传感器，如水位、流速、温度、矿压、瓦斯浓度等，构成基本信息采集应急物联网，结构图如图 3-11 所示。

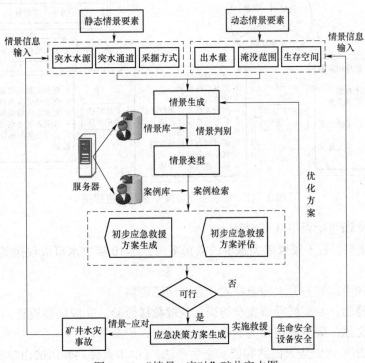

图 3-11 "情景-应对"矿井突水图

1. 矿井水灾监控信息采集

影响矿井发生水灾的因素有很多，主要包括以下几项。

（1）突水水源：老空水、底板奥灰突水等。

（2）突水通道：可分为正常岩层突水、断层突水、陷落柱突水。

（3）采掘方式：现场突水主要在开采和掘进两种作业过程中产生的。

（4）开采方式：分为仰采、俯采。

（5）掘进方式：分为上山掘进、下山掘进、独头掘进、双巷交替掘进等。

（6）出水量：对于已发生的事故案例，按照突水量大小，可分为特大、大、中、小4个等级；对于正在发生的事故，出水量随时间发生变化。

（7）淹没范围：对于已发生的事故案例，按照突水后最终水位标高确定；对于正在发生的事故，淹没范围随时间发生变化。

（8）生存空间：对于已发生的事故案例，以受困人员实际生存地点确定；对于正在发生的事故，生存空间随时间发生变化。

2. 建立突水专家知识库

根据煤矿突水救援的实际情况，矿井突水应急救援专家系统流程如图3-12所示。

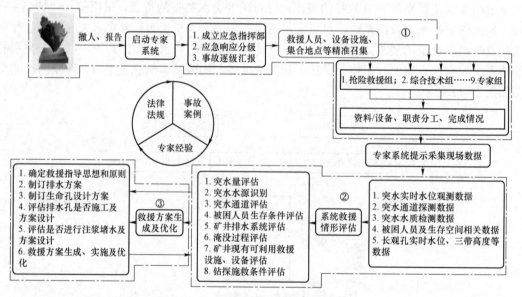

图3-12 突水应急救援专家系统流程图

专家知识来源包括以下几个方面。

（1）事故案例：若干家煤矿突水事故救援案例、近10年突水事故救援案例（事故调查报告）等。

（2）应急预案：矿井突水应急救援预案及演练资料。

（3）专家经验：专家问卷调查及访谈，获取救援经验，完成问卷设计。

（4）专著文献：应急救援相关专著、纪实报告、论文等。

（5）法律法规：《中华人民共和国安全生产法》《中华人民共和国矿山安全法》《煤矿安全规程》《煤矿防治水规定》等法律法规及技术标准。

按照救援过程将知识库分为三类：响应分级及救援召集专家知识库、数据观测及情景评估专家知识库、应急救援方案生成及动态调整专家知识库。

3. 专家知识表示及知识库结构

专家知识库采用面向对象的知识框架表示法，框架表示法是一种结构化的知识表示方法，来源于人们对现实世界中各种事物的认识都是以一种类似于框架的结构存储在记忆中的。框架是一种描述所研究对象（一个事物、事件或概念）属性的数据结构，可以由多条边组成，每条边可以是单结构的，也可以是框架，如图 3-13 所示。在专家系统中，规则是指由前提条件推导出的结论。根据人工智能相关知识，规则与前提链如图 3-14 所示。

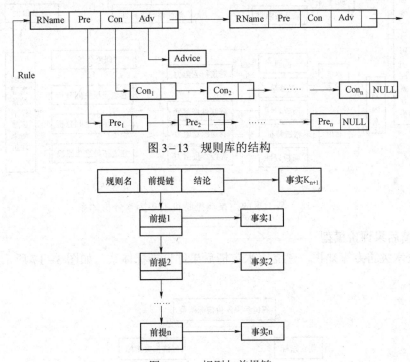

图 3-13　规则库的结构

图 3-14　规则与前提链

在规则库中表的关系及表的结构如图 3-15 所示。

字段名	数据类型	说明
RuleID	自动编号	规则ID，规则的唯一标识
RuleName	文本	规则名字
Remarks	文本	规则备注

字段名	数据类型	说明
PremiseID	自动编号	前提ID
PremiseDisp	文本	前提的自然语言描述
Match Sign	数字	匹配标志，用0/1表示，0表示没有匹配成功，1表示匹配成功
RuleID	数字	前提所属规则

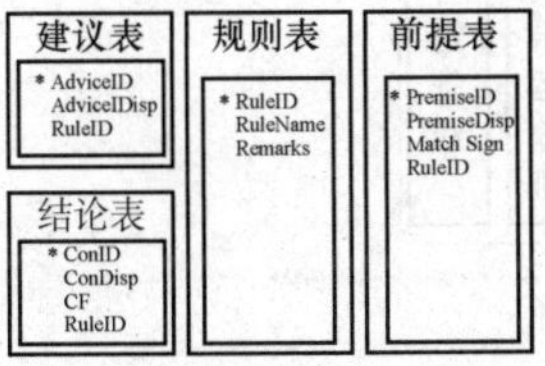

图 3-15　规则库中表的关系及表的结构

4. 事故后果典型特征的多因素分析体系

具体的事故后果影响因素评价指标划分如下：流速计算、透水量计算、财产损失半径、巷道水淹高度计算、井下设备范围、遇水破坏设备的损失计算、巷道剩余空间、氧气量计算、人员生存可能、由于透水事故冲刷导致的塌方、淤泥和溺亡事故。基于事故后果典型特征的多因素分析体系如图 3-16 所示。

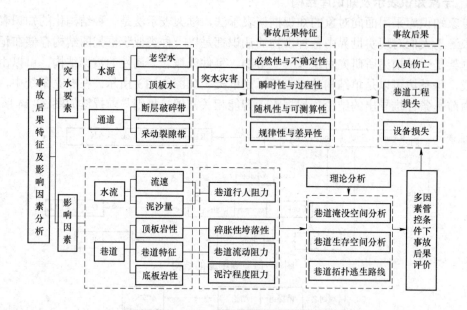

图 3-16 基于事故后果典型特征的多因素分析体系

5. 灾情后果评价模型

根据突水灾害专家知识,建立突水灾情后果评价指标体系,如图 3-17 所示。

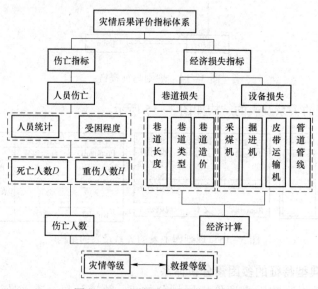

图 3-17 灾情后果评价指标体系

根据有关规定,矿井水灾灾情等级可划分为四个级别,分别是特别重大型、重大型、较大型和一般型水灾。表 3-1 为矿井水灾救援等级划分表。

表 3-1　矿井水灾救援等级划分表

救援等级	灾情等级	伤亡指标	经济损失指标
一级	特别重大型水灾	造成 30 人以上死亡，或者 100 人以上重伤	造成 1 亿元以上直接经济损失
二级	重大型水灾	造成 10 人以上 30 人以下死亡，或者 50 人以上 100 人以下重伤	造成 5 000 万元以上 1 亿元以下直接经济损失
三级	较大型水灾	造成 3 人以上 10 人以下死亡，或者 10 人以上 50 人以下重伤	造成 1 000 万元以上 5 000 万元以下直接经济损失
四级	一般型水灾	造成 3 人以下死亡，或者 10 人以下重伤	造成 1 000 万元以下直接经济损失

6. 专家知识库与突发事件应急决策的关联

从全局、动态的视角观测突发事件的历史演化过程，时刻根据突发事件驱动的相关事件链的完整切片映像做出应急决策。图 3-18 是突发事件应急决策演化过程，图 3-19 刻画了专家知识库与突发事件应急决策的深度关联情况。

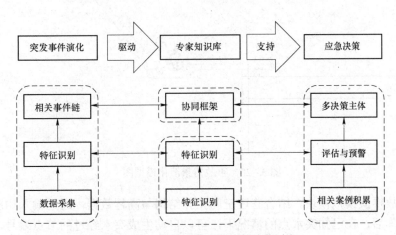

图 3-18　突发事件应急决策演化过程

7. 灾情后果评价与事故后果情景演化模型

突水灾情后果评价模型包含以下四方面的内容。

（1）水情、水量等发展演化模型。首先生成水流方向的有向图，再通过从突水点开始，与周围节点高程做比较，挑选已访问路径的相邻未访问节点，并存储于数组中，从而生成淹井路线，如图 3-20 所示。

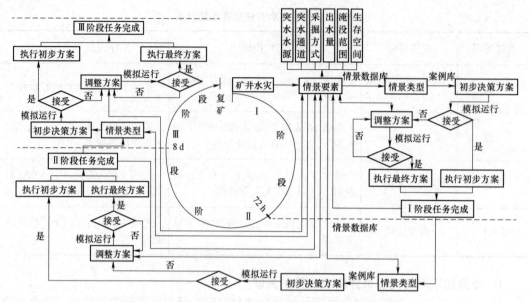

图 3-19 专家知识库与突发事件应急决策的深度关联图

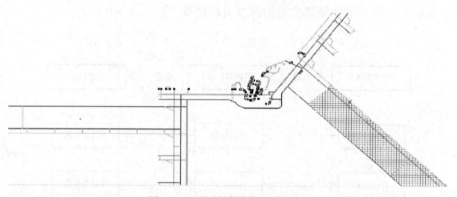

图 3-20 事故情景演化模型图

（2）事故推演模拟模块。结合巷道空间拓扑结构与高程数据，通过输入相应的邻接矩阵和权重矩阵后，在已知突水点的情况下，可以自动生成突水经过的节点编号，即动态生成突水蔓延路线。图 3-21 显示了巷道空间拓扑结构和一组邻接矩阵、权重矩阵。

(a) 巷道节点分布图　　　(b) 邻接矩阵　　　(c) 权重矩阵

图 3-21 巷道空间逻辑拓扑结构图及对应矩阵

系统自动提取巷道节点信息,生成巷道节点信息表。使用广度优先遍历算法结合突水蔓延算法,实现对巷道节点的遍历,生成突水流动蔓延的路线,如图3-22所示。

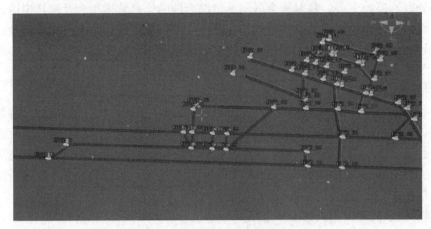

图3-22 巷道空间网络物理拓扑结构

(3)矿井水灾场景模块。通过三维VRGIS开发平台,利用C#的webbrowser插件开发矿井水灾场景模块,实现了巷道透明、取消透明、巷道定位等功能,还可以展示水灾情景、工作面、资源部署等。

(4)基于情景的矿井突水灾害救援专家系统。采用数据库的信息管理方式,不仅可以提高数据的储存效率,还能实现对数据的调用、对比和查询等操作。

3.5.2 消防物联网

作为物联网在消防行业的应用,消防物联网系统已经在我国多地建设,对保护人民财产安全起到了巨大作用。

1. 功能目标

消防物联网系统综合运用计算机及网络、RFID、无线传感、多信息融合、一维/二维识别码、移动通信终端等技术,其所用终端通信设备可采用宽带、企业局域网、GPRS/3G/4G/5G、电话线通信等多种通信方式,相关职能人员配备的物联网智能终端提供精准的人员实时位置监控、在线电子派单、电子地图导航、电子回单系统、数据远程传输,同时具有火灾信息自动接收、消防视频集中监控管理、自动巡检、极早火情预警报警、自动扑灭、智能救援指挥及调度、人员动态管理、实时调度维修维护作业等功能。及时、准确、完整地传递信息,加强城市防灾能力,提高政府公共消防服务水平,提升整个城市的安全意识和形象,使得现代化城市安全信息网络在消防物联网构筑中发挥更为重要的作用。

2. 运行环境

智慧消防物联网系统包括火灾信息自动接收、消防视频联控、自动巡检、模拟报警、人员动态管理、实时调度维修维护作业等功能,采用先进的物联网技术、通信技术、多信息处理技术、条码标签技术和相关软硬件设备。软硬件设备主要包括:通信服务器、视频服务器、工控机、消防物联网传输终端、传输网络接口模块、物联网智能终端、网络通信设备、网络通信线路等。

3. 消防物联网管理系统

消防物联网监控中心，是对社会联网单位综合性的信息管理平台及维修申请、维修服务调度、维护管理作业配置、维护管理作业及作业员作业统计、防火员巡检记录、消防值班中心值班在岗情况查询、防火检查、维护管理记录查询、火灾发生时值班中心视频监控回放、人员权限管理、联网用户管理等的综合管理系统。

4. 对外数据接口

消防物联网系统的对外数据端口为标准协议开放式，同时具有可扩展性。智慧消防视频管理系统可与消防物联网系统的远程监控平台、监督管理平台、用户信息平台的楼层平面图等进行关联。发生火警时，消防局119指挥中心可远程调用联网单位消防值班中心的摄像头，实时查看灾情现场情况，提高现场指挥调度及灭火救援的效率。根据需要，还可以与110指挥中心相连。

5. 消防物联网建设相关标准和规范

- 物联网技术框架与标准体系；
- 城市消防远程监控系统技术规范（GB 50440—2007）；
- 城市消防远程监控系统（GB/T 26875—2011）；
- 建筑设计防火规范（GB 50016—2014）；
- 高层民用建筑设计防火规范（GB 50045—2005）；
- 火灾自动报警系统设计规范（GB 50116—2013）；
- 消防给水及消火栓系统技术规范（GB 50974—2014）；
- 火灾自动报警系统施工及验收标准 GB 50166—2019）；
- 消防控制室通用技术要求（GB 25506—2010）；
- 消防联动控制系统（GB 16806—2006）；
- 建筑消防设施的维护管理（GB 25201—2010）；
- 民用建筑电气设计规范（JGJ 16—2008）；
- 智能建筑设计标准（GB/T 50314—2006）；
- 安全防范工程技术标准（GB 50348—2018）；
- 视频安防监控系统工程设计规范（GB 50395—2007）；
- 民用闭路监视电视系统工程技术规范（GB 50198—2011）；
- 数据中心设计规范（GB 50174—2017）；
- 数据中心基础设施施工及验收规范（GB 50462—2015）；
- 其他相关的法律、法规、设计规范。

6. 系统框架

该系统以电信运营商提供的城市公共网络为基础，在消防管理部门设置监控中心，利用现代化高科技手段，远程监控分布在全市的重点防火单位所有消防系统、消防值班中心、消防疏散设施等运行情况，对城市建筑消防设施进行集中监控管理，提高联网单位消防设施的运行水平及抵御火灾的能力。

系统由消防物联网系统、消防物联网传输通信系统、消防视频联控系统、监控中心、用户终端设备、对外数据接口及传输网络等组成，如图3-23所示。

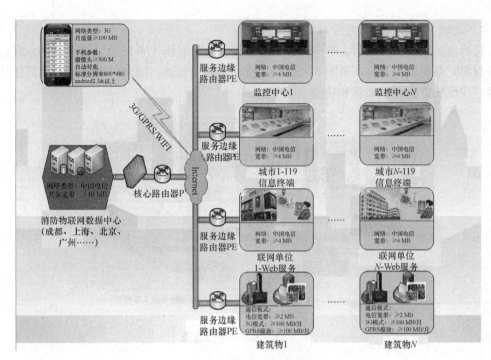

图 3-23 系统总体网络部署图

7. 监控中心

消防物联网的监控中心是整个系统的核心部分,包括多个子系统。

1) 有源类消防设施监控管理系统

针对建筑物内火灾报警控制器、消防联动控制系统、自动喷水灭火系统、防排烟控制系统、应急照明与疏散指示系统等有源类消防设施(见图 3-24),通过用户信息传输设备、串行数据处理机等,利用模拟量采集、数据接口监测、协议解析与转换等方式,对消防设施的运行状态进行数据采集与数据传输。

图 3-24 有源类消防设施

2）无源类消防设施监控管理系统

针对消防水源、防火门、消火栓、消防管阀、消防水箱（池）、灭火器、消防水带、逃生器材等无源类消防设施（见图3-25），综合利用压力传感、RFID、视频耦合和图像处理技术，实现状态信息的采集和传输。

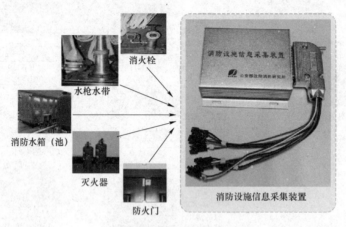

图3-25 无源类消防设施

3）消防水源监测

针对室内、室外消火栓系统，采用传感器融合及嵌入式总线技术，对消防水源管网水压进行实时、全天候多点并发监测；利用动态阈值研判机制，有效识别各监测点水压的波动、过压、欠压等异常状态。图3-26为消防水源监测。

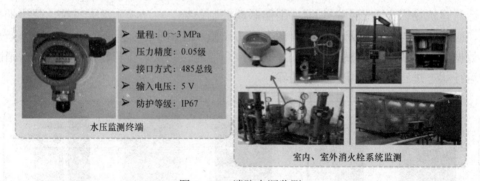

图3-26 消防水源监测

4）可移动消防设施监测

针对灭火器、水枪、水带、防火门等可移动消防设施和器材，利用RFID、与主体分离成对自动报警等技术，进行设施在位状态实时监测，让各种设备保持在其应有的功能位，避免危险发生时不可用。图3-27为可移动消防设施监测。

5）消防管阀状态监测

消防阀门监控一直属于消防设施监控的盲区。消防水系统在进行维护保养和检修过程中会测试阀门开闭情况，常常由于人为原因导致消防阀门被误关闭或误打开，给消防水系统埋下隐患。图3-28为消防管阀状态监测。

图 3-27　可移动消防设施监测

图 3-28　消防管阀状态监测

6）消防通道监控管理系统

利用视频监控资源，实时监测消防通道堵塞情况，自动判断消防通道堵塞目标并进行报警，如图 3-29 所示。

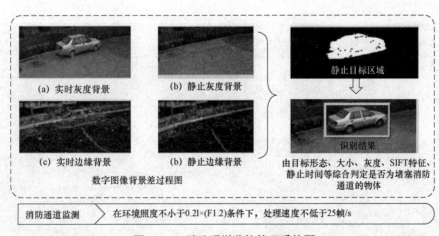

图 3-29　消防通道监控管理系统图

7）消防控制室监控管理系统

通过实时视频监控信息对联网单位消防控制室的值班情况进行视频监控，监督其在岗状态，对其脱岗行为自动视频取证。在发生火灾状况下，通过视频语音系统，可以对消控室人员值班、操作等情况进行记录,同时对设施操作进行远程即时指导,如图 3-30 所示。

图 3-30 消防控制室监控管理系统图

8)灭火救援

灭火救援实时通信地图采用可视化展示技术,将消防力量分布、消防重点单位、消防水源、警情位置、警情周边重点单位、视频监控点位、道路分布等信息在 GIS 地图上统一管理和展示,如图 3-31 和图 3-32 所示。

图 3-31 实时通信地图

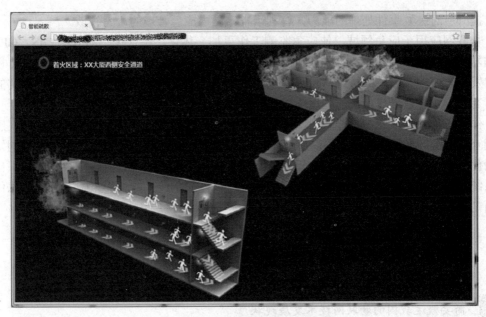

图 3-32　单体楼宇最优逃生线路

9）消防物联网运行模式

消防物联网系统涉及多家单位，如国家机关、保险公司、生产企业、消防部门等，通过物联网系统将它们联系起来，运作模式如图 3-33 所示。

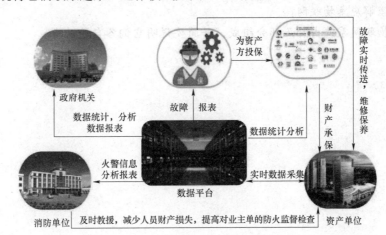

图 3-33　消防物联网运行模式

3.6　应急物联网未来展望

目前，物联网技术已经与其他行业紧密结合，但在应急管理这方面的研究还不够、不深和不广。为此，有必要在充分发掘国外突发事件应急管理模式及国内城市突发事件应急管理经验的基础上，根据我国的实际情况，探索构建适合我国现状的突发事件应急管理机制，提升应对突发事件处理的能力，有利于丰富国内应急管理的研究领域。

物联网应用于应急领域，使应急监测工作更加一体化、综合化，RFID、GIS、GPS、扫描器、监控摄像等技术和装置的运用，使应急监测系统逐步向数字化、智能化、可视化方向发展，使应急需要的情景信息更齐全、更明了、更实时，为决策者提供更加翔实的信息，有利于指挥者寻找最优的调度资源策略和方案。

作为下一代物联网——智联网，是在互联网（数据信息互联，虚连）和物联网（感知控制互联，实连）基础上建立的，是"真连"。其目标是达成智能体群体之间的"协同知识自动化"和"协同认知智能"的知识智能互联系统，是直接面向智能的复杂协同知识自动化系统。应急物联网过渡到应急智联网，标志着智能应急时代的全面来临，应急信息化将全面走向智能化、智慧化的道路。

思考题

1. 简要概述我国的物联网技术发展现状。
2. 物联网和互联网的区别与联系有哪些？
3. 物联网技术主要包括哪些关键内容？
4. 试列举物联网技术在应急救援工作中的实际应用案例。
5. 简要说明应急物联网的本质特点，并列举出它在应急管理领域的应用场景。
6. 如何理解应急物联网？
7. 应急物联网系统由哪几部分组成，并简要说明它们各自的功能。

第 4 章　应急通信技术

虽然人类一直在努力防灾减灾,也取得了卓有成效的防灾效果,但是灾害很难杜绝,尤其是自然灾害,时不时地发生一场严重灾难,给人类带来巨大的伤痛,如 2004 年印尼大海啸、2008 年"5·12"汶川大地震等,人员伤亡数以万计。一旦灾害发生,灾区外的人们首先想到的是,如何才能尽快知道灾区的受灾情况、人员伤亡情况等信息;而灾区内的人也很希望将受灾信息及时地发送出去,便于外面的人组织救援。如果遭遇洪水、火灾、地震、暴雪等灾害事故时,通信基础设施很容易受到损害,导致信号中断,这就需要用到应急通信。

4.1　应急通信概念及发展

众所周知,应急通信一直是抢险救灾各项工作顺利开展的基础技术,是反映一个地区应急抗灾能力的一项重要指标。处于信息化时代背景下,通信技术作为人们日常生活中非常普遍的通信手段,已经成为人们生活的一部分,很难想象在没有通信应用的日子里,现在人们怎么度过漫长的一天!一旦通信网络发生故障,对社会生产、日常生活等都将造成严重的影响。应急通信作为应急网络的一种,旨在为处于紧急事件中的人们提供及时、有效的通信服务。尤其在重大灾害发生时,应急通信更加凸显出关键作用。作为和水力、电力一样重要的基础设施,通信是报告灾情、组织实施救援必不可少的技术手段。可以说,保障灾难发生后的通信畅通,就是保住了灾区救援、尽量降低灾害损失的生命线。这也充分说明应急通信的重要性。

4.1.1　应急通信概念

所谓应急通信,是指在出现自然或人为的突发性紧急情况时,综合利用各种通信资源,以保障及时救援、紧急救助和信息交流的必要信息传递手段,是一种具有暂时性的、为应对自然或人为紧急情况而提供的特殊通信机制。这已成为国家公共安全和应急体系中不可替代的关键技术手段,因此各国政府都非常注重应急通信网络的建设。应急通信技术,主要是一种紧急通信手段,通常结合了多种技术手段来实现通信,在抢险救灾中发挥着巨大作用。应急通信并不是独立存在的新技术,而是很多技术在应急方面的特殊应用。面对不同的紧急情况,需要的应急通信技术手段也不尽相同。

一个完整的应急通信过程,通常涉及应急指挥中心、公众通信网/专用通信网、现场三个关键环节。公众通信网/专用通信网是应急通信的网络支撑,用于紧急情况下的报警、应急指挥中心与现场的通信连接等;应急通信现场要保障应急指挥通信,通常以无线方式为主，使用集群、卫星、应急通信车等技术手段，快速部署通信网络，提供通信保障。应急通信的组成内容如图 4-1 所示。

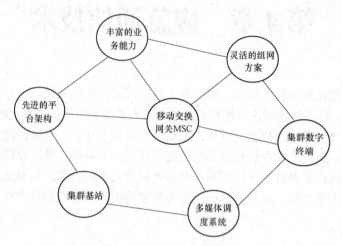

图 4-1 应急通信的组成

在应急事件处置中，突发事件发生之后的第一要务无疑是抢险救灾，其间可能出现异乎寻常的大量组织工作。灾害发生后的抢救工作是一种短期的、需要广泛协同的、高强度的群体行为，要求应急通信系统必须保持畅通，能够有效地支持抢险救灾工作。

以地震、洪灾等自然灾害为例。当地震或洪灾发生后，首先要做的就是通过应急通信手段保障指挥系统畅通；同时，对自然灾害可能引发的通信网络本身故障造成的通信中断，需要启动应急预案，利用各种管理和技术手段尽快恢复通信，保证灾民正常使用通信业务。灾后需要保障重要通信和指挥通信，以保障应急指挥中心与救援现场间的通信畅通，及时疏通灾害地区通信网的话务量，防止网络拥塞，保证应急通信的正常使用。此外，可通过互联网、短信等通信方式及时向外发布信息。

4.1.2 应急通信发展概述

各国政府对应急通信系统都非常重视，投入了巨大的人力、物力和财力进行开发和布设，以期望在突发事件时能够及时了解灾情和指挥救援。

1. 美国应急通信概述

美国应急通信的发展一直受到政府的高度重视，目前已逐步形成了适应美国发展需要的应急通信体系，总体水平居世界前列。2008 年 7 月，美国国土安全部在国会的指导下制定了第一个"国家应急通信计划（national response communications plan，NRCP）"，其目的是在国家层面对应急通信作整体战略规划，提高紧急服务提供者和相关政府部门的应急能力，加速实现全国应急通信系统的互联互通。目前，美国建立的各种应急通信系统在纵向的联邦、州、地方政府之间实现了联通，同时，在联邦部门之间、州之间、地方之间也各自实现了横向连接，这就使得美国的应急通信系统基本实现了"纵向到底、横向到边"的全方位覆盖。美国 50 个州都有覆盖全州的公共安全通信系统，70%都是政府共用和专有网络,还有各地方政府的专用应急通信系统,覆盖了美国75%以上的人口区域。美国国家应急报警系统已经覆盖美国全境,主要由紧急报警系统、国家预警系统和综合公共预警系统组成,是一个综合性的紧急报警体系,目的是通过一切可用的通信方式和通信设备,以最快的速度将警告或预警信息传递给公众,实现真正意义上的全灾害预警的能力。美国国家无线系统确保在突发事件情况下,当陆基通信系统损坏或超载时,可利用高频无线电信号实现联邦应急管理署总部及各地区中心、各州内部及相互之间的语音和数据通信。图4-2为美国应急通信体系架构。

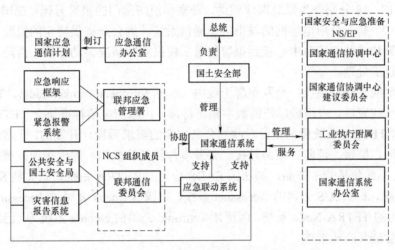

图4-2 美国应急通信体系架构

2010年3月,美国发布了"国家宽带计划",通过宽带网络,使得应急救护人员能发送和接收视频及数据,确保所有美国人都能享受紧急服务。2012年初,美国正式启动了规模宏大、影响深远、在全球具有示范意义的"第一应急响应人员网络"(first responders network,FirstNet)项目,旨在建设全国性的应急通信网络,夯实应急通信基础,强化应急通信保障能力。

美国面向公众的应急通信系统包括:城市应急联动911系统、国家紧急报警系统、国家无线通信系统等。其中,下一代911系统综合了VoIP、即时消息、短信、Wi-Fi和视频通信等各项新技术,可以更好地满足应急通信的业务需要。

2. 欧盟和英国应急通信概述

欧盟与英国整体经济水平非常发达,科技、工业、商业、金融等在世界经济中占据重要地位,其应急通信系统的发展水平也非常先进。以英国为例,英国已建成并投入应用的Airwave网络是全球应急通信无线专网建设的典范,它实现了高安全性、高可靠性、高扩展性和高覆盖范围的有机统一。Airwave网络提供了完全集成的语音和移动数据通信,利用集群热备份技术实现了服务的预先配置和快速恢复;采用终端到终端的加密密钥管理方案,可根据用户需求进行加密和针对性隐私保护,满足复杂环境下的安全需求;先后开发了三代应急响应车,第三代车辆既可作为一个移动基站运作,又可通过卫星基站实现全网络连通。为适应新的发展需求,2013年底,英国内政部推出了应急服务移动通信计划(emergency services mobile communications programme,ESMCP),该计划将把移动宽带技术纳入未来的项目中，使公共安全全面进入移动宽带时代。

欧洲的应急通信系统主要有：基于公用电信网的应急通信机制和设施、集群应急通信系统、卫星应急通信系统及军事通信设施等。

（1）基于公用电信网的应急通信机制和设施：欧洲国家很早就开始建设基于公用电信网的应急通信系统。早在1937年，英国开始使用999作为紧急情况报警号码，应该是世界上最早利用公用电信网实现紧急情况下应急报警系统之一。比利时以101和110分别作为医疗救助、警察部门的报警电话；瑞典以117和118分别作为警察、消防部门的报警电话；法国以15、17、18分别作为紧急医疗救助、警察和消防部门的报警号码；德国、意大利等国家也都建立了基于公用电信网的城市应急通信系统，为公众提供特定的报警号码，以方便市民的报警和求助，应急中心接到报警信息后根据实际情况调动警察、消防、医疗等部门进行快速反应处理。

（2）集群应急通信系统：全欧集群无线电（trans European trunked radio，TETRA）系统是欧洲最具代表性、应用最广泛的数字集群标准，由欧洲电信标准协会（ETSI）于1995年正式公布。TETRA系统最初是针对欧洲公共安全的需求而设计开发的，非常适合于特殊部门（如军队、警察、消防、应急救援、突发事件管理等机构）的现场指挥调度活动。目前，TETRA系统包括若干产品，如法国EADS公司的TETRA系统、意大利SELEX公司的Elettra系统、德国A/S公司的Accessnet系统、德国Siemens公司的Accessnet系统、荷兰Rohil公司的TETRA-Node系统、西班牙Tettronic公司的Nebula系统等，已经形成了规模庞大的产业链和产业群体。

（3）卫星应急通信系统：欧洲卫星通信技术非常发达，已经建设了很多高性能的卫星通信系统，这些系统在紧急情况下可以提供预警、灾情卫星广播、指挥调度通信、抢险救援导航定位、获取灾情遥感卫星图像等服务，其中以Hot Bird、伽利略、SkyBridge、SPOT遥感成像等卫星系统为广大用户所熟知。另外还有ASTRA卫星系列、欧洲宇航局的MAGSS-14卫星星座、Eutelsat W2A卫星、Eutelsat W2M卫星和Europasat卫星等。

（4）军事通信设施：在欧洲，军用通信系统是政府相关机构紧急情况下通信保障的重要补充手段。英国天网（Skynet）卫星系列、法国锡拉库斯（SYRACUSE）卫星系列都是其中具有代表性的军用通信卫星系统。

3. 日本应急通信系统概述

日本的防灾应急通信体系以地面通信网络为主，空中应急通信平台为辅。利用无线传感器网络建设的紧急地震速报系统（EEW）和利用广播电视发布紧急报警的系统（EWS）是日本两大主要的应急广播通信系统。同时，为弥补自身卫星通信不足，日本还大力发展基于直升机等飞行器的空中防灾应急通信平台，利用直升机飞行速度快、航行距离远，且不受地形、地貌环境限制等特点，可以快速抵达航距范围内任何地点提供防灾应急通信保障。另外，日本电信运营企业在网络规划时即考虑防灾措施，建立了多路由和环形传输线路机制，还配备了一定的应急通信设施，如可携带卫星通信地球站、数字移动卫星通信站、可携带交换系统、可携带移动基站等，以应对各种灾难。

4. 我国应急通信系统概述

我国的应急通信起始于20世纪70年代，最初用于战储工作，保证党政军的特殊通信。随着国家工作重心向经济建设转移，依据平战结合方针，特殊通信逐渐演化为应急通信，并于 20 世纪 90 年代得到快速发展。2006 年，我国颁布《国家通信保障应急预案》，指导全国的应急通信工作，同期国办发布《"十一五"期间国家突发公共事件应急体系建设规划》，提出构建以国务院应急平台为中心，以省级和部门应急平台为枢纽，上下贯通、左右衔接、互联互通、信息共享、互有侧重、互为支撑、安全畅通的国家应急通信平台体系，并选择部分省市作为应急指挥平台建设与应用的示范。在应急通信专网建设方面，我国目前在卫星网络、微波网络和集群网络等方面取得了一定成果。VSAT 卫星通信除了作为部门和单位内部的专用通信网外，还可为灾害事件提供应急通信和现场调度服务。部分城市建设的数字集群移动通信系统能连接有线、无线专网、公共电话网、3G/4G/5G 移动网、卫星传输网和短波应急通信网，按"平时分用、急时统调"的原则广泛应用于公共安全、卫生、交通等保障领域。经过多年的努力，我国已形成一个覆盖全国、布局基本合理的应急通信管理体系，应用卫星通信、微波通信、移动通信等手段，基本上实现了随时随地的应急通信保障，能够满足重要活动、自然灾害、突发公共事件等的基本应急通信需求。

进入 21 世纪以来，由于厄尔尼诺现象、地磁变化、太阳耀斑和太空磁暴等自然灾害的影响，我国气候年景偏差，各种自然灾害如洪涝、地质灾害、风雹、台风灾害、地震、干旱、低温冷冻、雪灾、森林草原火灾等时有发生，影响程度不一。但每次灾害都给我国的经济造成巨大损失。因此灾害损失增长直接推动了应急通信的发展。我国的应急通信发展，与发生的重大自然灾害事件密切相关，如图 4-3 所示。

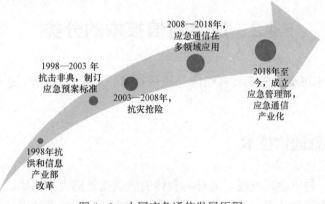

图 4-3 中国应急通信发展历程

随着大数据、人工智能、云计算、物联网、5G 技术等现代信息技术和卫星通信技术的成熟，我国的应急通信事业也随着国家治理体系的改变和技术的发展而加快推进。自 2018 年我国成立应急管理部以来，应急通信进入了新的发展时期，应急通信呈现新的特点，如多元化、高速化、专业化、智能化。在中央印发的《国家"十四五"规划》中，将"加快数字化发展，建设数字中国"作为独立篇章，彰显了我国推进网络强国建设的决心。提出"迎接数字时代，激活数据要素潜能，推进网络强国建设，加快建设数字经济、数字社会、数字政府，以数字化转型整体驱动生产方式、生活方式和治理方式变革"。这都需要通信、网络、信息技术的支撑。在国务院印发《"十四五"国家应急体系规划》中，明确提出"应急通信和应急管理信息化"建设，构建基于天通、北斗、卫星互联网等技术的卫星通信管理系统，实现应急通信卫星资源的统一调度和综合应用，提高公众通信网整体可靠性，增强应急短波网覆盖和组网能力。实施智慧应急大数据工程，建设北京主数据中心和贵阳备份数据中心，升级应急管理云计算平台，强化应急管理应用系统开发和智能化改造，构建"智慧应急大脑"。采用 5G 和短波广域分集等技术，完善应急管理指挥宽带无线专用通信网。推动应急管理专用网、电子政务外网和外部互联网融合试点。建设高通量卫星应急管理专用系统，扩容扩建卫星应急管理专用综合服务系统，开展"北斗系统应急管理能力示范"创建。在应急信息化建设方面，明确提出，广泛吸引各方力量共同参与应急管理信息化建设，集约建设信息基础设施和信息系统。推动跨部门、跨层级、跨区域的互联互通、信息共享和业务协同。强化数字技术在灾害事故应对中的运用，全面提升监测预警和应急处置能力。加强空、天、地、海一体化应急通信网络建设，提高极端条件下应急通信保障能力。建设绿色节能型高密度数据中心，推进应急管理云计算平台建设，完善多数据中心统一调度和重要业务应急保障功能。系统推进"智慧应急"建设，建立符合大数据发展规律的应急数据治理体系，完善监督管理、监测预警、指挥救援、灾情管理、统计分析、信息发布、灾后评估和社会动员等功能。升级气象核心业务支撑高性能计算机资源池，搭建气象数据平台和大数据智能应用处理系统。推进自主可控核心技术在关键软硬件和技术装备中的规模应用，对信息系统安全防护和数据实施分级分类管理，建设新一代智能运维体系和具备纵深防御能力的信息网络安全体系。因此应急通信行业未来发展前景广阔。

4.2　应急通信技术的分类

应急通信技术可分为三类：有线应急通信技术、无线应急通信技术和混合应急通信技术。

4.2.1　有线应急通信技术

有线通信是一种以金属电线、光纤为载体的通信线路模式。例如，语音信号通过调制解调技术在电缆中进行传送；图文信息经过图文转换及其他技术处理后在线缆中进行端到端、点对点的传输。有线通信需要一个特定的传输介质，如使用金属电线或光缆作为通信介质，为信号传输提供一个纵横交错的信息通道。有线通信具有通信范围大、频带宽、传输距离远、安全性高、保密性强、不易受电磁干扰等优点。由于光纤通信技术的成熟，有线通信技术迎来了大发展的时期。应急有线通信技术就是利用了有线通信技术的优点，传输实时图像、同步音频、视频等，既能够保证传输速度和质量，又具有很好的保密性能。

1. 应急有线通信电话网

在很长一段时间内，有线通信是通信网络的主体，为现代社会发展起到了重要的通信作用。最常见的有线通信网络就是公共电话网。应急有线通信技术基于公共电话网络、有线宽带网等，在此基础上通过专线、基站等方式提供应急服务。如通过专用的、易记的号码，像 110、119、120 等，实现快速报警和应急服务。

2. 应急有线计算机网络

有线计算机网络，是指利用双绞线、同轴电缆、光纤等有形介质，将计算机连接起来形成网络，具有很高的带宽、很强的保密性等优点。在通信领域，有线网络通常作为通信网络的主干网，提供各种通信服务。目前光纤通信已经成为有线网络的主要力量，能够对大容量的信息进行快速传递，而且传输带宽大，具有较强的抗干扰能力，确保信息可以保质保量地传输。

4.2.2 无线应急通信技术

相比于有线通信技术，无线通信技术更具灵活性，可以随时随地进行通信服务，目前已经成为应急通信的主流技术。

无线应急通信技术主要包括无线集群通信、无线电台、地面微波通信和卫星通信等。

1. 无线集群通信

无线集群通信源于专网无线调度通信。与专网调度相比，集群调度具有共用频带、共用设施（机房、移动交换机、基站、天线、电源等）、共享覆盖区、共享通信业务、共同分担费用等优点，非常适合于应急通信。

无线集群通信与公众移动电话的不同点在于：集群通信以组呼为主，用户之间有严格的上下级关系，用户根据不同的优先级占用或抢占无线信道，呼叫接续快（300~500 ms），通信方式以单工、半双工通信为主。一个无线集群通信系统结构图如图4-4所示。

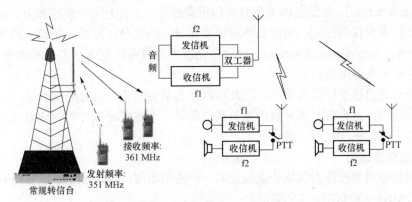

图4-4　无线集群通信系统结构图

无线集群通信的特点如下。

（1）组呼为主。无线集群通信可以进行一对一的选呼，但以一对多的组呼为主。集群手机面板上有一个选择通话组的旋钮，用户使用前先调好自己所属的通话小组，开机后即处在组呼状态。一个调度台可以管理多个通话小组，在一个通话组内所有的手机均处于接收状态，只要调度员点击屏幕组名或组内某个用户进行讲话，组内用户均可听到。调度员可对部分组或全部组发起群呼（广播）。

（2）不同的优先级。调度员可以强插或强拆组内任意一个用户的讲话，且不同用户有不同的优先级，信道全忙时，高优先级用户可强占低优先级用户所占的信道。

(3) 按键讲话。在无线集群通信中，其无线终端带有发送讲话（push to talk，PTT）键，按下 PTT 键时打开发信机，关闭收信机，松开 PTT 键时关闭发信机，打开收信机。

(4) 单工、半双工为主。无线集群通信中为节省终端电池与少占用户信道，用户间通话以单工、半双工为主。

(5) 呼叫接续快。从用户按下 PTT 讲话键到接通话路时间短，但对指挥命令而言，若漏去一两个字，有可能会造成重大事故。

(6) 紧急呼叫。无线集群终端带有紧急呼叫键，紧急呼叫具有最高的优先级。用户按紧急呼叫键后，调度台有声光指示，调度员与组内用户均可听到该用户的讲话。

无线集群通信技术在正常情况下，多用于公安、交通、大型企业等的通信联络；在灾难、战争等情况下，则可用于应急指挥、调度；在抗灾救灾工作中，无线集群通信可用于指挥、调度灾区的救援、交通、医护、安置、公安、物资供应、后勤等各部门的工作，从而使灾区的抢救工作得以有序进行。

2. 无线电台

无线电台在救灾过程中也能发挥重要作用，其中以城市广播为主。此外，军用无线电台和个人（业余）无线电台同样能发挥应急作用。

通过城市 FM 和 AM 广播，无线电台可以向受灾群众传送外界的关心，同时受灾群众通过收音机也可以了解到当地的受灾和救灾状况。虽然无线电台并不能进行对讲通信，但也能间接起到灾区与外界互动的作用。

通过军用和个人（业余）无线电台也可以进行应急通信。业余无线电台简称业余电台（amateur radio station），是经过国家主管部门正式批准，业余无线电爱好者为了试验收发设备、进行技术交流和探讨、通信训练和比赛而设立的电台，只设收信设备的为业余收信台，简称 SWL（short wave listener）。目前在全世界范围内约有 300 多万部业余无线电台，且绝大部分是个人业余电台。

短波电台受自然条件影响很小，因此可以作为重要的救灾临时通信设备。短波在应急通信中非常适用：适合县、乡一级的应急通信需要，不需依靠额外的传输介质，且传输距离可达几百千米，机动性好、成本低。

3. 地面微波通信

微波通信是用微波作为载体传送信息的一种通信手段。微波是指波长在 1 m～1 mm 或频率为 300 MHz～300 GHz 的电磁波。

地面微波中继通信具有通信容量大、传输质量高等优点，但随着光纤通信技术的出现，微波通信在通信容量、质量方面的优势不复存在。然而，在地震、洪水等自然灾害发生时，常常造成通信光缆断裂，这时微波通信就可以大显身手了，通过微波线路迅速组建通信网络，达到灾区内外传递信息的目的。另外，微波通信在修复公众网基站、架设应急无线集群基站、联通交换机之间的 E1 电路等方面，地面微波也可以发挥重要的作用。

4. 卫星通信

卫星通信是地球站之间通过通信卫星转发器所进行的微波通信。面对地震、台风、水灾等自然灾害，卫星通信能够发挥不可替代的重要作用，在陆地、海缆通信传输系统中断，以及其他通信线缆未铺设到之处，它能帮助人们实现信息传输。由于受自然条件的影响极小，因此卫星电话可以作为主要的救灾临时通信设备。卫星通信利用微波通信进行工作，主要用于长途通信,可以利用高空卫星进行接力通信。

通信卫星通常可分为同步通信卫星和异步通信卫星。其中同步通信卫星运行在约 36 000 km 的上空,相对于地球来讲形如静止态,因此位于印度洋、大西洋和太平洋上空的三颗同步卫星,信号基本可以覆盖全球。由于同步卫星高度高,所以要求地面发射机的发射功率大、接收机灵敏度高和天线增益高。一些覆盖一个地区或国家的通信卫星高度则可以低一些。非同步通信卫星一般运行在 500~1 500 km 上空,采用多颗小型卫星组成一个星座。如果能够实现在世界任何地方上空都能看到其中一颗星,则这个星际通信就可覆盖全球。低轨道通信卫星主要用于移动通信和全球定位系统。

在应对灾害时,带有卫星地球站的应急通信车可以利用国内静止卫星的转发器,为灾区对外界的通信和电视转播提供临时传输通道。

甚小天线地球站系统(very small aperture terminal,VSAT),是一个由天线口径小、软件控制的大量地球站所构成的卫星传输系统。VSAT 系统将传输与交换结合在一起,可以提供点到点、点到多点的传输和组网通信,广泛用于专网通信、应急通信、远程教育和"村村通"工程等领域。在灾害发生后,通过临时架设 VSAT 网络,可以在已修复的移动通信基站或临时架设的小基站与移动交换机之间提供临时通信链路,以快速恢复灾区的移动通信。

要建立一套全方位、立体的应急通信体系,需要充分利用各项技术的优势,针对不同需求,灵活组织协调。目前,应急通信体系建设已经在全球范围获得了各国政府的高度重视。ITU、IETF、ATIS 等国际标准化组织也在积极进行应急通信相关标准的研究。我国也正式启动了应急通信相关标准的研究,针对个人紧急情况和公众紧急情况分析应急通信的需求,对紧急业务路由和定位、公网支持应急通信、集群通信、视频监控、无线自组织、安全等各个方面进行研究。

4.2.3　混合应急通信技术

有线通信技术和无线通信技术各有优缺点,都有继续发展的空间,也在各自的发展轨道上继续前进。将二者结合起来,取长补短,就形成有线/无线混合应急通信技术。

有线通信具有频带宽、保密性好等优点,往往作为主干网和密闭、狭小空间的传输通道,而无线网具有组网灵活、随时随地上网、携带方便等优点,可以作为终端设备、中继设施等通信基础。在现实生活中,大部分的通信网络都是采用混合通信模式,可以为用户提供各种各样的通信服务,为防灾减灾、抗灾救灾和应急管理提供服务,如在煤矿山生产中的应急通信系统。

煤矿山应急通信系统是智慧矿山的核心部分,承担着矿山内外应急通信功能,在紧急状态下需要建立起救援一线与地面救援指挥中心的通信联系,服务于煤矿灾后探查和应急救援。例如,某矿山采用 4G/5G 无线通信系统和千兆光缆有线通信系统组成一个矿山应急通信网络,实现有线、无线通信的一体化调度和统一网管,融合了千兆以太网平台、安全监控、人员定位、无线通信、广播、视频等系统平台,可以提供语音广播、视频播放、紧急呼叫、多媒体传输等多项服务。图 4-5 为有线/无线混合通信网。

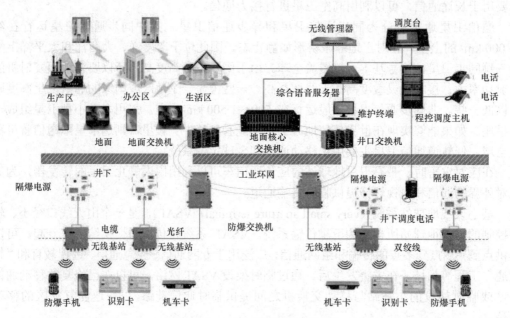

图 4-5 有线/无线混合通信网

从图 4-5 可以看到，一旦发生紧急事件，应急通信需要一个畅通的通信网络环境，这就要求在技术上成熟、政策上保障的应急管理运行机制。

1. 建立健全应急通信的法规政策

首先，相关人员应对其通话权限进行一定的管制工作，确保紧急事件情况下通信系统的畅通。因为一旦通信网络出现问题，便难以在短时间内恢复正常，所以为了能够快速地建立起相应的应急指挥平台，更好地完成相应的任务，便需要为相关人员的应急指挥通信提供较多的便利。其次，在进行应急救援工作时，相关人员应尽快地寻找到受灾群众的位置，从而尽最大努力地降低受灾群众发生生命危险的可能性。而移动终端的发展与普及，使得这一项工作变得更加简洁。

2. 优化并完善应急通信的管理机制

政府需要对应急通信管理机制进行完善。首先，政府需要树立起各部门之间的合作意识，加强部门之间的相互合作和相互协调，防止因协调出现问题而导致救援不及时的现象发生。这其中，应急部门、交通部门、公安部门及电力部门等关键机构，就需要建立一个良好的沟通机制。在灾难来临时，所有部门应采取应急联动工作，从而减少应急处理措施的时间，提高工作效率，提高经济效益和社会效益。对于不同的政府部门而言，相关人员应根据部门的工作性质来安排应急通信的保障工作。

3. 强化应急通信资源的保障力度

因应急通信的建设过程周期性较长，因此，各种各样的资源及相应的设备均需要进行不断的更新并定期维护，应急队伍需要加强锻炼，相关机构应保证应急通信资源及应急队伍的资金投入力度，保证工作的长效机制，使得应急通信维持稳定、可靠、安全的状态。对于统一选拔出的一些专业素质过硬、运维能力较强的员工，可调配至应急通信系统之中，并对其进行定期的业务培训工作，保证每一名应急通信队员都能够做到"平时可用、用时可战"的目标。

4.3 应急通信应用案例

突发事件发生之后,对于应急通信的应用需求包括四个方面:应急指挥的通信需求、现场抢救的通信系统需求、现场电视转播系统需求、灾民自救和呼救应急通信需求。在每一个方面的需求中,都要涉及通信业务,这就需要快速的、及时的、畅通的、无间断的通信服务。如果突发事件未彻底破坏本地公用电信网络,那么灾区群众对外通信主要依靠残存的公用电信网络资源,灾区抢救指挥也需要这些珍贵的电信网络资源,这就要求电信公司尽量扩大通信容量。如果突发事件彻底破坏了本地公用电信网络,那么电信公司需要配置机动电信网络来临时消除通信盲区,在灾区临时搭建起可用的、高质量的通信网络。

4.3.1 无线对讲机系统

按照通信业内规定,一般将工作在超短波频段(VHF 30~300 MHz、UHF 300~3 000 MHz)的无线电通信设备都统称为无线电对讲机通信系统。实际上,按国家标准,应当把超短波调频无线电话机称为无线电对讲机。通常,把功率小、体积小的手持式无线电话机叫作"对讲机",而将功率大、体积较大的可装在车(船)等交通工具或固定使用的无线电话机称作"电台"。经过几十年的发展,对讲机的应用已十分普遍,已从专业化领域走向普通消费领域,从军用扩展到民用。在日常工作中,对讲机几乎无处不在,如在大型酒店、火车站、飞机场、汽车站、轮船码头、救灾现场等场所的工作人员手中,几乎人手一个对讲机。

1. 无线对讲机的工作方式

无线对讲机系统有两种方式:基于公众网的应急无线对讲机系统和无线对讲机专用系统。前者可为大众提供服务,容易发生呼叫堵塞,服务质量一般;后者为少数人提供服务,按照规定使用,不存在用户呼叫激增和堵塞问题。表 4-1 给出了两种无线对讲系统的对比情况。

表 4-1 两种无线对讲系统的对比

项目	无线对讲机专用系统	基于公众网的应急无线对讲系统	说明
启动讲话时间	300 ms	1 600 ms	按下 PTT 键到收到提示可讲话的时间
呼叫建立时间	600 ms	2 000 ms	从主叫拨出呼叫或组号建立呼叫到系统提示可讲话的时间
端到端信道延时	1 000 ms	1 600 ms	从讲话者说话到收听者听到的时延
整体应答时间	1 000 ms	4 000 ms	从主叫按键按下到被叫应答的整体时间

2. 无线对讲机系统的特点

（1）移动性。无线对讲机本身即为可移动终端，可以实现端到端通信服务，非常适合在恶劣环境中使用。同时，与其配套的可以有大型的固定式基站设备，也可以有便携式的移动车载台、背负式移动台等，极大地方便了用户使用。

（2）小型化。无线对讲机系统专用网设备简单、安装方便，适合在恶劣环境下快速布设通信网络。

（3）节能性。在应急指挥车上增加小型的发电机、太阳能蓄电池及备用电池等设备，就可以满足无线对讲机系统的要求。

（4）便捷性。无线对讲机系统用户操作界面友好、直观，硬件系统连接端口较少，而且所有接口均标准化、模块化，可以方便地与现有的各种通信系统实现互联互通。

3. 常见的无线对讲机简介

（1）专业对讲机。专业对讲机是指发射功率为 4~5 W，频率范围在 136~174 MHz 或 400~480 MHz 的对讲机系统。这类对讲机系统的通话距离较远，一般在 3~8 km。由于大多数专业对讲机采用旋钮来控制信道数及电源与音量开关，因此操作相对简单，在酒店服务、建筑工程、物业管理、工厂车间等领域应用较多。

优点：性能稳定、抗振、抗摔、防老化等。

缺点：体积较大、质量较重、价格较贵等。

（2）商用对讲机。商用对讲机是指发射功率为 0.5~4 W，频率范围在 400~480 MHz 的无线对讲机系统，一般通话距离在 0.8~8 km。商用对讲机外形轻巧、美观，一般可将对讲机挂在腰带上，佩戴耳机，从而解放双手，提高工作效率。现在专业对讲机有往商用对讲机转化的趋势。

（3）民用对讲机。民用对讲机是指发射功率为 0.5~1 W，频率范围在 409~410 MHz 的对讲机系统，一般通话距离较短，在空旷区域大约在 3 km 内，是国家批准无须执照就可以使用的无线通信设备。

优点：体积小巧、色彩多样、价格低廉，适合家庭、小规模单位内部用。

缺点：传输信号距离近，频率范围太窄，难以扩容。

（4）业余对讲机。业余对讲机是专为满足业余无线电爱好者使用而设计、生产的无线电对讲机。针对这种业余的个人无线电业务，各个国家都开辟了专用频段分配给业余无线电运动爱好者使用。我国的业余对讲机频段为 144~146 MHz 和 430~440 MHz，其他各国一般也在这一频段。业余爱好者只需购买自己喜欢的机型，申请地方电台入网许可证，就可以和其他人交流了。

（5）防爆对讲机。这类对讲机主要应用在消防、矿山、加油站、液化气站、油库、油田、天然气站、化工厂、面粉加工厂、亚麻加工厂、煤炭加工厂等容易引发爆炸的生产场所。

（6）铁路对讲机。顾名思义，就是专门用于铁路系统的无线对讲机，发射功率为 4~5 W，频率范围在 440~470 MHz。由于列车行驶时噪声很大，因此要求对讲机的音频输出很高，对讲机都经过输出扩音，使得通话音质更加清晰。

（7）警用对讲机。这类对讲机是公安系统专用设备，频率范围为 350~390 MHz，任何人不得以任何方式窃取、盗用公安系统专用对讲机的频率资源。一般警用对讲机外型多采用键盘式，功能强大。

（8）车载对讲机。车载对讲机的工作电压一般为 12.5 V，发射功率较大，在 25～50 W 之间，传输距离较远。车载对讲机只能在一个固定位置，使用起来不方便，一般多在车队中使用。

4.3.2　无人机 MESH 自组通信网

通信服务质量是决定救援行动是否成功的重要因素之一。在处理重大灾害事故跨区域救援时，由于参与人员多、涉及方面广，会出现信息渠道不畅导致不能有效地进行通信对接、指令来源混乱导致不能有效落实等问题。因此，复杂环境下开展应急通信指挥需要灵活快速地组建独立专网，为前线人员与指挥部人员提供稳定的通信链路，实现现场音视频及数据信息的实时共享传输。

1. MESH 自组网技术

MESH 是一种无线局域网，拓扑结构是标准的网状结构。在 MESH 网络中，所有的结点都可以互相连接，每个结点拥有多条连接通道，所有的结点之间形成一个整体网络。当某一条链路堵塞或无响应时，无线 MESH 网络可以根据情况选择其他的线路进行数据转播，任何一个结点故障都不影响网络的访问，可靠性非常高。网络发生故障时可自动修复，确保 Wi-Fi 网络高速传输，具有无中心、自组织、自适应、自愈合的优点。

常见的 MESH 网络有单兵、车载基站、机载台、调度台等多种形态。MESH 电台是点对点、点对多和多对多综合通信业务的便携应急通信终端，可以实现同一网络的不同节点之间的快速通信，在快速移动、遮挡非视距和环境干扰等复杂应用情况下实现动态路由、多跳中继的高清视频、多路数据和保真通话，如图 4-6 所示。

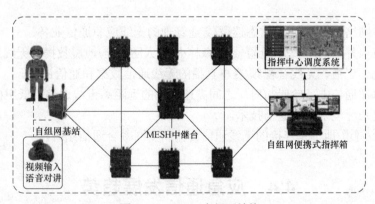

图 4-6　MESH 自组网结构

由于近年来信息技术的飞速发展，MESH 融合了 4G/5G 公网、卫星、LTE 无线专网等多种通信手段，整合了可视化指挥调度管理平台、便携式应急通信指挥系统、电台系统等，组建成了新一代 MESH 自组网络，如图 4-7 所示。

图 4-7 新一代 MESH 自组通信网络

2. MESH 自组网的性能特点

（1）融合通信：MESH 具有自组织、自愈合、自适应的特点，可接入 4G/5G、卫星、对讲机、短波电台等，支持北斗/GPS 和多路传送，支持加密传输。

（2）多级部署：结合专网，利用无人机实现空中与地面联动，满足多级部署需求。可以实现非可视城市建筑、丛林多径传输及有效连接，具有绕射、透传的能力。

（3）可在多种环境下（如地面、水上、空中、高速移动情况）实现有效连接。

（4）配备多种天线设置，全向、高增益定向或混合模式，实现信号的高速发射效果。

（5）全功能性：高吞吐量、高速率，带宽可达 100 Mbps 甚至更高；支持语音、视频、数据、定位等作业，满足后台现场指挥的调度需求。

（6）兼容性强：可视化指挥平台兼容多种视频、语音、图像等作业功能的专用终端，实现设备的统一调度指挥。

3. MESH 自组网的应用场景

（1）机器人/无人车，侦察/监控/反恐/监测等智能无线图传和通信。

（2）有空对空、空对地、地对地等多种通信模式，特别适合于公共安全/特种作业的无线通信传输。

（3）城市网络，应急保障/常态巡逻/交通管理的无线应急通信业务。

（4）建筑内外，消防救火/抢险救灾/森林火灾/人防安全/地震救援等无线通信。

（5）电视、广播、无线音视频/赛事直播的无线通信数据和通信链路。

（6）在海洋通信中，轮船与对岸之间高速传输的远距离无线通信，低甲板无线网络及舰载着陆的复杂环境下无线通信技术。

（7）矿山/隧道/地下室连接的无线通信传输和多网融合通信系统。

4.4 应急通信发展趋势

按照国家"十四五"发展规划要求，应急通信需要为面临的诸多灾害事件提供通信和信息服务，构建基于天通、北斗、卫星互联网等技术的卫星通信管理系统，实现应急通信卫星资源的统一调度和综合应用。

1. 建立快速反应的应急通信系统

通过空、天、地、海一体化应急通信网络的建设，研究极端条件下应急通信服务性能，构建全天候、反应快速、信号灵敏的通信网络，实现多元化信源、高速化传输、专业化服务和智能化行动等统一调度和指挥，提高应急通信的应用效率。打通卫星系统、数字集群指挥调度系统、有线通信网、无线通信网、互联网、广播电视网等各种通信网络的壁垒，在紧急状态下融合为一体，推动跨部门、跨层级、跨区域的互联互通、信息共享和业务协同，统一协调公安、消防、交警、急救、公益、民防、媒体等各部门，为人民大众提供快速、及时的各种救助和相应应急通信服务。"统一报警、统一指挥、快速反应、资源共享、综合功能、协同行动"将是其最显著的特征。

2. 大力发展卫星应急通信业务

卫星应急通信的基本定位必然是对地面系统进行有效的支持、补充与延伸，对地面通信系统未能覆盖的区域发挥有效的互补、支撑作用。因此卫星通信系统必须与地面通信系统进行紧密有机的结合，并在 NGN、NGBWM 发展中积极规划，主动出击，充分发挥优势互补的重要作用。可以看到，借助卫星广域覆盖、广播与多播等优势，集成 WiMAX 区域增强及 Wi-Fi 热点增强的多层综合业务平台，可望成为卫星、地面宽带多媒体、视频业务发展的一种极有效的解决手段。因此实施"天地一体、资源互补"的有效整合，将卫星资源和地面通信资源有机整合，能够大大地支持应急通信发展。

3. 产业化是应急通信发展的大趋势

应急通信在现代人类的应急业务中，承担着及时、准确、畅通地传递第一手信息的先锋角色，是决策者正确指挥抢险救灾的中枢神经。在突发灾害来临时，应急通信能够及时、准确和畅通地传递抢险救灾信息，才能为城市安全管理和人类生活提供安全保障，因此需要大力发展应急产业。按照"预防为主、平战结合"的原则，从日常生活、生产的每个事件认真做起，安全负责，将应急观念落实到每一件小事中。这就要求应急产品进入到日常生活、生产的方方面面，应急产业服务到每一个工作和生活环节，大到空间卫星、海洋搜救舰艇，小到安全头盔、身体护具，形成应急产业的链条化、集群化、专业化，为人们的日常出行、生活生产保驾护航。

思考题

1. 何谓应急通信？
2. 应急通信技术有哪些类型？
3. 在突发性灾害或事故的应对和处置中，如何做好应急通信技术保障工作？
4. 当今社会，日益增多的突发事件给现有的通信系统带来极大压力，促使各国重视应急通信技术的发展和革新，试分析应急通信技术未来的发展趋势。
5. 混合应急通信技术的优势有哪些？
6. MESH 自组网的性能特点有哪些？

第 5 章　应急机器人技术

近年来,我国的自然灾害和人为事故频发,严重影响了人民的生命和财产安全。例如,2018 年,我国各类自然灾害共造成全国 1.3 亿人次受灾,589 人死亡,46 人失踪;2019 年第一季度,各种自然灾害共造成全国 139.6 万人次受灾,87 人死亡。而对于安全事故,2018 年发生生产安全事故 4.9 万起,死亡 3.46 万人。这些事故都对人民的生命和国家的经济发展造成了巨大的损失。在灾难发生后,如果能够在最佳营救时间内,利用先进的、智能的应急救援装备开展高效的救援工作,就可以大幅降低救援难度,提高救援行动的成功率。因此,应急救援行动迫切需求各种先进的应急设备。近年来,应急机器人技术得到了很大发展,尤其是随着大数据技术、云计算技术和通信技术的迅猛发展,推动了应急机器人走向智能机器人的发展道路。我国在 2015 年,国务院安全生产委员会专门发布通知,强调推广先进的安全技术设备,实现多功能消防机器人逐步替代消防车,在应急救援第一线使用智能救援机器人代替消防员,减少不必要的人员伤亡。

5.1　应急机器人概念及分类

灾害发生后,现场通常复杂多变,障碍频出,危险充斥,这给应急救援工作带来很大困扰。影响应急救援工作的因素主要有以下三个方面。

(1) 空间限制。实际救援表明,大多数幸存者通常被困在那些建筑物坍塌后所形成的一些空间中,因此非常有必要对这些可能存在生命的空间进行充分搜索。但这些空间和通道往往很狭小,以至于救援人员无法进入,突出的钢筋和混凝土碎块及其他建筑材料也可能给救援人员和搜救犬带来伤害,严重阻碍了救援进展。

(2) 结构不稳定。灾害发生之后建筑物的力学结构遭到破坏,救援人员进入废墟之中必须时刻提防随时可能落下的碎块。另外,在进行救援工作时也可能引起废墟的二次坍塌,给救援人员自身和废墟下被困的幸存者造成伤害。这些担心给救援人员带来了极大的危险和心理负担,影响救援工作的快速展开。

(3) 危险物质和大火。灾害之后易燃易爆的物品、大风等很容易引起爆炸和火灾。在一些危险地区,如核电站、化工厂等场所,如果没有相应的防护措施和支援,即使训练有素的专业救援人员也不能轻易开展工作。虽然防护用具可以有效保护救援人员,但限制了搜救人员对环境的感知能力,延缓救援工作的进程。这些危险因素给灾害救援工作带来了极大的阻碍,常常使救援工作付出沉重的代价。来自美国紧急救援办公室的统计数据表明,从狭小的封闭空间中营救 1 名幸存者平均需要 10 个救援人员花费 4 个小时的时间。

基于上述原因,使用救援机器人可以避免或减少救援人员的伤亡,大大提高救援效率。

早期的救援机器人大多只具有手动式的破拆、搬运等功能,造成救援人员的工作强度大、救援效率低,难以满足救援需求,大量被困人员因救援不及时或受到二次伤害而丧生。进入21世纪后,国际上恐怖主义盛行,大规模袭击时有发生,尤其是美国"9·11"事件后,许多国家在应急救援机器人方面进行了大量的研究工作,已经开发出了载重机器人、搬运机器人、救火机器人、搜救机器人等多种专业化的智能应急机器人产品,极大地提高了应急救援效率。

5.1.1 应急机器人概念

智能应急救援装备是指将智能技术与传统装备相结合,具有智能化、数字化、精准化、专业化等特点的一类应急救援装备,能够实现"人-环境-任务"的高效融合,并具有一定决策能力,从而适应未来"快速、精确、高效"的救援需求。智能救援装备种类繁多,根据救援环境和用途的不同,可分为空中救援装备、陆地救援装备、水下救援装备及通用救援装备。其中,空中与水下救援装备的研发起步较晚,而由于地震、塌方、火灾等大部分灾难都发生在陆地,因此,陆地救援装备研究成果较多,可以分为小型搜救装备、大型救援装备及后勤保障装备等。此外,通用救援装备是指可应用于不同场景、具有一定共性的救援装备,包括生命探测仪器、智能可穿戴装备及通信装备等。目前用于应急的机器人主要在灾害发生后的救援方面,因此下面主要介绍应急救援机器人。

应急救援机器人和人类的消防救援员不同,可以在恶劣的环境中实施救援任务。应急救援机器人在辅助灾害救援工作中具有若干突出的优势,具体如下。

(1)应急救援机器人具有不怕高温、不怕寒冷、不惧高空等特点。
(2)应急救援机器人不怕火、浓烟、有毒气体等危险和有害环境。
(3)应急救援机器人可以连续执行乏味的搜索救援任务,而不会像人一样感到疲倦。
(4)应急救援机器人没有对灾难场景的排斥问题,不存在人类的心理障碍问题。
(5)应急救援机器人可以深入危险地带拍摄资料,进入人类无法达到的地方实施救援。
(6)有些应急救援机器人质量很小,不致引起建筑物二次坍塌,避免给被困人员带来二次伤害。

5.1.2 应急机器人的分类

应急救援机器人种类繁多,根据救援环境和用途的不同,可分为空中救援机器人、陆地救援机器人、水下救援机器人及通用救援机器人。通用救援机器人可以适应大多数场景,在救灾现场发挥重要作用,如生命探测机器人、搬运机器人、智能指挥机器人等。

从救援机器人的用途来看,可以将应急机器人分为以下四大类。

1. 火灾救援机器人

火灾救援机器人属于特种机器人,融合了电子计算机、集成电路、机械控制和人工智能等高新技术,其应用范围包括高层建筑、地下建筑、重大卫生事故、密闭空间、有毒气体场所和高温区域等。图5-1是一个火灾救援机器人在救援工作中。

图 5-1　火灾救援机器人

火灾救援机器人通过内外部配置的温度传感器、二氧化碳监测仪、光谱检测仪等传感器获知周边环境数据，机器人控制系统根据环境参数变化和事故现场情况，实现路线规划、群众疏散的功能。此外，在特殊场景下，火灾救援机器人还会应用不同仪器，如超声波探测仪、微型声呐、微型雷达等，并结合外部传感器的温度数据，回传给内部避障前进系统，再进行判断前进是否会对机器人造成损害，做出正确决策，安全到达事故地点并迅速开展救援措施。

2. 防洪救灾机器人

防洪救灾机器人也是一种特种机器人，包括巡视无人机系统、水下探视仪、遥控救生机器人等。巡视无人机适合低空长距离飞行，具有精确接收指令、实时拍摄图像并传输、准确定位等优势，为救援人员及遥控救生机器人提供准确的位置信息与环境信息；水下探视仪可凭借自身的微小特性穿梭于洪灾后的废墟之中，具备实时图像传输功能，能够对灾区水质、水浸建筑的损坏情况进行探测；遥控救生机器人具有优越的防水性能，移动灵活，能同时搭载一人甚至多人，救援效率高，适用于城市洪灾的人员救助等情况。图 5-2 是一款防洪救灾机器人的外观图。

图 5-2　防洪救灾机器人

3. 危险物品处理机器人

危险物品处理机器人是城市消防救援的一类特种机器人，能够在爆炸现场、危化品灾情、有毒环境下进行消防救援，尤其适合在石油化工、天然气工业、易燃易爆物品等行业进行装备。在石油化工领域的管道内，充斥着易燃易爆或有毒性质的物质，若不能紧急对管线阀门进行关闭，将导致有毒物质泄漏，严重的情况下可引发城市火灾、环境污染和毒气泄漏等灾害。危险物品处理机器人可以接收操控员的高级指令，实时回传现场图像和实时监测现场环境，能够深入危险区，完成关闭阀门、人员救助、数据监测等操作。

近年来，我国多次发生危化品企业生产安全事故，造成多人死亡和巨大财产损失。在此背景下，国家也投入很大资金研发危化品处理机器人，为相关企业提供消防保障。

4. 地震救援机器人

在地震发生后，地震救援机器人能够进行现场协助救援，快速地完成幸存者搜救任务。大多数地震救援机器人都会安装生命探测装置，这类装置种类很多，其中以红外、雷达和声音传感器的使用最为广泛。这些传感器可以感应废墟内生命体的位置，及时对受灾人员进行定位，帮助救援人员制订营救计划。地震救援机器人如图5-3所示。

图 5-3 地震救援机器人

地震救援机器人主要分为实地检测与目标营救两大类。实地检测机器人具备出色的爬坡越障能力，同时装备多种类型的传感器与图像传输装置，能够实时监测废墟内数据变化并回传。目标营救机器人具备遥控功能，对操控指令响应迅速，能够实施精确的救援工作，并且在发生意外情况时自主分析环境，做出正确的决策。

5.2 机器人工作原理与技术分析

应急机器人是机器人应用于应急领域的一种称谓，因此应急机器人和其他用途的机器人一样，都能够模仿人的动作，完成遥控指令动作和自己判断的动作。根据人类对应急救援的需要，工程师能够按照要求设计、开发、制造出针对性强的应急救援机器人。

5.2.1 机器人工作原理

机器人是由人类设计、制造出来，代替人类某些行为的设备，具有模仿人类行为的能力。一般来讲，机器人需要一套电源系统、一个驱动马达、一套传感器系统、一台计算机和一个机械躯体。其中，电源系统为机器人系统提供能源；马达系统提供动力；传感器系统是机器人的"感官系统"，能够感知外界的信息；计算机是机器人的控制指挥中心，属于核心部件；机械躯体需要根据机器人的用途而进行针对性设计，如用于工业生产的固定式机器人，只有一个机械臂在活动；用于生命探测的移动式机器人，则可以上下爬行、左右移动，显得更加灵活；用于为人类提供服务的类人机器人，除了有灵活的四肢外，还有仿人类的外观，让人类感觉不到冰冷的存在，等等。图 5-4 是著名的类人机器人 ASIMO，在 2000 年由日本本田公司设计制造，曾是世界上最先进的类人机器人，不仅可以依靠双腿行走，还能够跑步、单腿跳跃、上下楼梯、踢足球和开瓶盖并倒水等，动作十分灵巧。图 5-5 是中国科技大学在 2016 年研发的高仿真机器人"佳佳"，具备基本的语言交流功能，还可以听懂各种指令，完成相应动作。

图 5-4　类人机器人 ASIMO

图 5-5　高仿真机器人"佳佳"

工业生产机器人工作原理比较简单，按照设定好的程序，完成一定的工作，根据工序不同，重复性地从一个点到另外一个点。用于应急的机器人，工作原理稍微复杂一些。下面以安全巡检机器人为例加以说明。

与一般的机器人不同，灾害巡检机器人需要一套灵敏的传感器系统，包括摄像设备、录音设备、数据处理设备、数据传输系统、数据库系统、预警与报警系统和导航系统等，可按照预先设定的路线进行自动巡检工作，也可根据现场指令临时改变行进路线。图 5-6 是一款典型的安全巡检机器人。

在巡检过程中，机器人通过传感器可采集温度、湿度、光照、重力、距离、压力、红外、声音等信息，并将这些信息传送至服务器。服务器接收到数据后对其进行清洗、分析、重组并将整理后的数据发送至客户端展示。与此同时，客户端可通过服务器发送指令信息控制巡检机器人的相关操作。该系统可在两种模式下工作：RSC 工作模式和 RSA 工作模式。

图 5-6 安全巡检机器人

RSC 工作模式的原理如图 5-7 所示,具体过程如下。
(1) 机器人通过传感器采集数据(如温度、湿度、亮度等)。
(2) 将采集到的数据发送至服务器。
(3) 服务器将传感器数据发送至客户端。
(4) 客户端将控制指令信息(如前、后、左、右移动等)上传至服务器。
(5) 服务器将控制信息转发至机器人。
(6) 机器人根据指令信息完成动作。
在该工作模式中的通信方式如下。
(1) 机器人与服务器之间采用 TCP 通信。
(2) 服务器与客户端之间采用 UDP 通信。

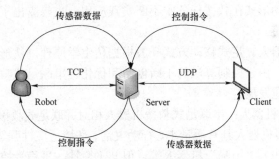

图 5-7 RSC 工作模式原理图

RSA 工作模式原理如图 5-8 所示,具体过程如下。

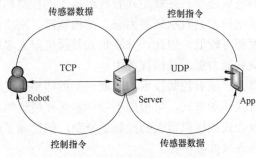

图 5-8 RSA 工作模式原理图

（1）机器人通过传感器采集数据（如温度、湿度、亮度等）。
（2）将采集到的数据发送至服务器。
（3）服务器将数据发送至手机 App。
（4）手机 App 将控制指令信息（如前、后、左、右移动等）发送至服务器。
（5）服务器将控制指令信息转发至机器人。
（6）机器人根据指令信息完成动作。
在该工作模式中的通信方式如下。
（1）机器人与服务器之间采用 TCP 通信。
（2）服务器与手机 App 之间采用 UDP 通信。

5.2.2 救援机器人技术分析

不同类型的救援机器人，其工作原理也不同，因此在行为方式、控制步态、导航算法等方面也不一样。

1. 移动方式

救援机器人的移动方式影响机器人运动的灵活性、平稳性和环境适应性。通过对救援机器人的分析可以看出，救援机器人的运动模式可分为轮履式、足式和复合式等多种形式。

（1）轮履式救援机器人。在救援机器人的移动方式中，由于轮履式移动方式具有可靠性高、通用性强、技术成熟、控制简单和移动速度快等优点，广泛地应用于早期的救援机器人中。随着轮履移动形式在救援任务中不断实践应用，也暴露出了其局限性，例如，易随地面起伏而产生颠簸。

（2）足式救援机器人。足式移动方式一般根据仿生学原理，从形态和控制方式上贴近于生物步态。近年来，由于控制算法的不断创新和优化，串联足式救援机器人与并联足式救援机器人得到了迅速发展。

① 串联足式救援机器人：串联足式救援机器人相对并联足式救援机器人的发展与运用较早，相较轮履式救援机器人具有质量小、行动灵活、环境适应性强等优点，如美国的"大狗"机器人（见图5-9）、"山猫"机器人等，但其平衡性、平稳性控制难度较高。同时由于串联结构的特点，机器人的单位体积负载能力相对较差，不能负载较大的质量。

② 并联足式救援机器人：由于控制复杂，并联足式救援机器人发展与应用相对较晚。近些年，随着控制算法的发展进步，并联足式救援机器人的控制相比之前已越发成熟。并联足式救援机器人在机械结构上具有承载能力强、结构紧凑、刚度高等优点，但由于并联结构的限制，其移动速度相对较低。因此，并联足式救援机器人多用于对移动速度要求不高、工作台平稳性强、负载能力强的救援任务中。

（3）复合式救援机器人：随着控制技术的发展，工程师整合了轮履式、足式等移动方式的优点，设计出了复合式移动方式，可根据不同环境选择最优的移动方式。相比于轮履式和足式救援机器人，复合式救援机器人的控制更复杂，但提高了机器人的移动速度、环境适应性和行进平稳性等各项性能指标。

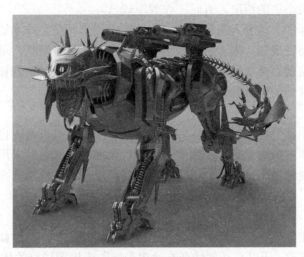

图5-9 "大狗"机器人

2. 步态控制

步态控制对于足式机器人顺利完成移动、避障和跨越等动作至关重要，主要有零力矩点、三分控制和智能仿生等控制法。

（1）零力矩点（zero moment point，ZMP）控制法。ZMP控制法是一种动态平衡控制方法，多用于双足机器人。这种方法虽然原理简单，但采集初始数据的过程比较复杂。在目前移动机器人的控制方法中，ZMP控制法主要用于辅助判断机器人的运动平衡和平稳性。

（2）三分控制法。三分控制法是以机器人的运动状态作为控制目标，基于弹簧倒立摆模型的控制算法。美国"大狗"四足机器人具有极强的运动灵活性、平衡性和平稳性，其控制的基本思想就是基于三分控制法。虽然三分控制法是以平面简化模型为基础，但可以推广到四足机器人的三维简化模型中。因此，三分控制法在四足机器人的步态控制中有着广泛应用。

（3）智能仿生控制法。随着智能仿生控制技术的兴起，基于中枢模式发生器（central pattern generator，CPG）的步态规划算法，以序列二次规划、爬山、遗传等算法作为优化手段，通过模拟生物神经网络的方式实现对足式机器人的步态控制，具有适应性强、耦合性好和结构简单等优点。因此，以CPG为代表的智能仿生控制是近年来发展起来的一种新的控制方法，目前被越来越多地应用到移动机器人的步态控制中。

3. 导航算法

机器人的导航算法主要靠地图提供，但也有利用传感器进行模式识别提供导航能力的。

1）基于地图导航

基于地图导航的方法是在导航任务前，预先将完整的环境地图提供给导航系统，或者在导航过程中利用机器人自身传感器实时地在线构建环境模型的导航技术。实现方法主要有两种。

（1）人工势场法：将障碍物信息反映在环境的每一点的势场值中，从而决定机器人的行进方向。该方法具有操作简单、可在线调整、实时性好等优点，在实际中被广泛应用。

缺点是存在"局部最小"的情况，有时工作效率较低。

（2）智能规划算法：基于人工智能技术、计算机技术及仿生技术等现代信息技术实现对移动机器人自主路径规划。由于智能规划算法采用整体搜索策略，可以有效提高路径规划的准确性。但智能规划算法运算量较大，占据较大的存储空间和较长的运算时间，因此会影响机器人路径规划的实时性。

2）无地图导航

这种导航模式不需要任何提前设定的导航策略，主要通过机器人自身传感器提取、识别和跟踪环境中的基本组成元素。在陌生环境下，无地图导航主要采用反应式导航策略，及时对陌生环境的变化做出反应。但由于缺少全局环境信息，机器人在动作顺序上可能不是最优的。

3）智能导航

救援机器人相比其他移动机器人所处的工作环境要复杂多变，这就要求救援机器人应具备更强大的导航策略，所以有必要结合有地图导航与无地图导航的优势，实现智能导航，使救援机器人可以在已知和未知的环境中都能准确地执行救援任务。

5.3　几种应急救援机器人介绍

人类面对灾害肆虐从来没有退缩，而是勇敢面对，利用发达的大脑，思考战胜灾害的武器。随着现代技术的发展和普及应用，应急救援机器人被设计开发出来，并大量应用于消防、救灾、通信等领域。世界各大电子、机械、材料等工业企业自然不甘落后，争相推出若干应急救援机器人，为人类防灾减灾、抗灾救灾和应急管理事业提供了设备支援。

5.3.1　搜索救援机器人

最早的用于救援的机器人主要是搜索救援机器人，在美国、日本、英国等发达国家首先获得应用并普及推广，推动了救援机器人的发展。

1. 相关产品及发展

搜索救援机器人是最早应用到灾后救援的机器人，主要用于生命搜索与危险区域检测。美国 Foster-miller 公司的履带式搜索救援机器人 TALON（见图 5-10 左图）在众多参与"9·11"救援任务的机器人中表现优异。该机器人质量约 40 kg，机动灵活、转向迅速，具有良好的地面适应性；配备 3 套具有数字变焦功能的视频传感器，即使在黑暗环境中也可实施搜索任务。在更为特殊的排爆作业中，该机器人可通过机械臂的夹钳夹断爆炸物引信，排除爆炸危险。美国 iRobot 公司研发的 PackBot 搜索救援机器人（见图 5-10 右图），采用鳍状肢履带结构，在越障时可根据障碍物的外形进行规划调整以适应路面，能顺利翻爬楼梯及跨越障碍物，具有较强的越障能力；配备的 4 个摄像头具有夜视、变焦和照明功能，可实现图像的实时处理、远程传输及环境感知。

图 5-10　TALON 救援机器人（左）和 PackBot 搜索救援机器人（右）

对于一般救援任务，轮履式的搜索救援机器人或旋翼飞行器就能完成对灾后现场的勘察搜索。轮履式机器人的同步履带支撑面上有履齿，不易打滑，牵引附着性能好，有利于发挥较大的牵引力，具有优异的越障能力，当陷入泥潭或被卡住时能够自动恢复运动；履带具有不怕扎、割等机械破坏，具有防水特性，能够满足在坑道及复杂环境工作的要求，越野机动性好，爬坡、越沟等性能均优；支撑面积大，接地比压小，适合在各种复杂环境下开展救援。但对于非结构化的复杂环境，如废墟内部，轮履式搜索救援机器人可能无法抵近救援。因此科学家根据仿生学原理，研发了仿生搜索救援机器人，很好地解决了这一问题。仿生搜索救援机器人具有体积小、自由度高、行动灵活等特点，可以很好地完成废墟内部狭小空间环境的搜索任务。卡内基-梅隆大学研制的蛇形机器人较其他蛇形机器人具有较小的横截面积，能够进入到更狭小的空间。这款机器人使用有线传输的方式将夜视摄像机与音频传感器收集的数据传输给救援人员，信息传输具有较高的可靠性与稳定性。图 5-11 是该机器人参与 2017 年墨西哥地震救援时的画面。

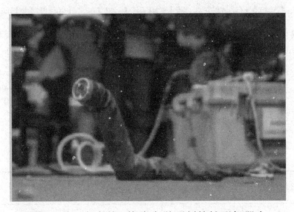

图 5-11　卡内基-梅隆大学研制的蛇形机器人

Sarcos 公司研发的 Guardian S 蛇形机器人（见图 5-12）有着强大的搜索能力，在总质量 6 kg 的机体中配备有 4.5 kg 的搜索探测设备，包括摄像机、气体探测器、振动探测器等多种传感器。Guardian S 蛇形机器人前后两端采用履带的运动形式，履带可沿机器人轴向旋转，做出横向摇晃、滚动的动作。Guardian S 不仅拥有蛇形机器人的灵活性，同时还具有履带式搜索救援机器人的行进速度。

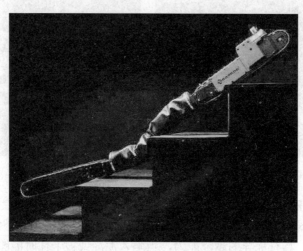

图 5-12 Guardian S 蛇形机器人

2. 技术特点

履带式搜索救援机器人应用较广泛,但难以进入狭小的空间开展搜救工作,限制了应用;蛇形救援机器人虽然通用性较低且运动速度较慢,但其强大的环境适应能力和搜索能力,还是受到消防救援部门的青睐,帮助人类完成更深层次的搜索探测。以 TALON 为代表的履带式搜索救援机器人在发展与应用上相对成熟,但其控制方式主要为人工操作,并不具备自主搜寻的能力,技术相对滞后。随着控制方法的更新和人工智能技术的应用,机器人将逐渐由人工操作向自行搜索转变。搜索救援机器人智能化程度的提高与控制方式的更新将有利于在复杂救援任务中更准确快速地反应和处理问题。以卡内基-梅隆大学研制的蛇形救援机器人为代表的仿蛇运动救援机器人拥有强大的废墟搜索能力和环境适应能力,可适用于矿难救援、深度救援等场景,但其移动速度较慢,很大程度上限制了搜救效率。虽然蛇形救援机器人参与的救援行动有限,但其搜索救援效果是非常突出的。随着蛇形救援机器人移动速度和智能化程度的提高,在以后的深度救援中它们会有着较好的应用前景。

各类搜索救援机器人性能特点对比见表 5-1。

表 5-1 搜索救援机器人性能特点对比表

机器人名称	移动方式	搜索能力	有无机械臂	通信方式	是否参与过救援
TALON	履带式	中	有	无线	是
PackBot	履带式	中	有	无线	是
蛇形机器人	仿蛇运动	强	无	有线	是
Guardian S	仿蛇-履带复合式	强	无	无线	否

5.3.2 运载救援机器人

近年来,随着各种灾害的发生,需要机器人帮助人类运载救援物资、器械、设备等,于是诞生了运载救援机器人。

1. 相关产品及发展

运载救援机器人作为救援机器人中的"大力士",可在第一时间携带救援物资同救援人员一起进入灾区开展救援工作,也可将受伤人员运送至安全地点。因此,运载救援机器人在救援任务中的使用,可有效提高救援人员的救援效率,减少救援人员的救援压力。

波士顿动力公司的四足机器人 LS3 [见图 5-13(a)] 可伴随应急救援人员在应急作业时负重 181 kg 连续工作 24 h,其慢跑速度为 8 km/h。此外,LS3 具有很强的越障能力、平衡性和平稳性,即使跌倒也能自行恢复平衡。

麻省理工学院研发的"猎豹"四足机器人,奔跑速度高达 45 km/h。最新版本的"猎豹2"四足机器人 [见图 5-13(b)],配备有激光雷达系统,可以自动跳过 0.45 m 高的障碍物。根据其控制系统的良好表现,波士顿动力公司继续研发了世界上奔跑速度最快的四足机器人"野猫"。

"爬行者"(Crawler)机器人 [见图 5-13(c)] 是日本横滨警视厅研发的伤员运送机器人,其内部可运载一名伤员,各种传感器可对运送过程中的伤员进行生命体征检测。因此,该机器人可随救援人员进入灾区,分担救援人员的伤员运送工作。

日本东京消防厅研制的 RoboCue 伤员后送机器人 [见图 5-13(d)],可利用其自身配备的超声波传感器和红外摄像机搜寻伤员,并通过机械臂将搜寻到的伤员转移到机器人内部,完成对伤员的搜寻与运送。另外,RoboCue 设计有生命维持系统,可为舱内伤员提供氧气,保证伤员在运送过程中的基本生命需要。

美国 Vecna Robtics 公司研制的战场救援机器人 Bear [见图 5-13(e)],其双臂可以承载 227 kg 的质量,且由于采用了动态平衡技术,可避免颠簸,减少对伤员的二次伤害。Bear 拥有两种行进模式,一种是在平坦路面用轮式行进,另一种是对于崎岖路面,会降低重心,切换成履带行进,以便最大限度地减小颠簸,从而保护伤员。

在国内,上海交通大学研发的"六爪章鱼"机器人 [见图 5-13(f)] 是一种由 18 个电动机驱动的腿式并联步行机器人,具有承载能力强、运动灵活、路面适应性强等特点,可在多种地形环境下执行救援任务。但由于并联机构的限制,其运动速度只有 1.2 km/h。

中南大学研发的 PH 并联六足机器人 [见图 5-13(g)],配有可旋转的激光雷达,实现对周围环境的三维扫描,增强了机器人对周围事物的状态感知。PH 机器人通过四足支撑,运用其他两足拾取物体。在结构形式与运动形式上,与"六爪章鱼"机器人相似,具有承载能力强、运动灵活、使用领域广泛等特点。

(a) 四足机器人 LS3　　　　　　　　　(b) "猎豹2" 四足机器人

(c) "爬行者" 机器人　　　　　　　　(d) RoboCue 伤员后送机器人

　　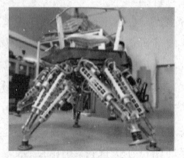

(e) 战场救援机器人 Bear　　　　　　(f) "六爪章鱼" 机器人

(g) PH 并联六足机器人

图 5-13　各种运载救援机器人

2. 技术特点

运载救援机器人按救援功能可分为物资运载救援机器人与伤员运载救援机器人两类。物资运载救援机器人具有承载能力强、通过性强等特点,在与救援人员前往灾区的过程中,对救援人员的帮助最为直接。特别是足式物资运载救援机器人，可以在灾后复杂地形中随救援人员行进。足式物资运载救援机器人按结构形式可分为串联足式和并联足式，在同等体积下串联足式具有更快的运动速度，而并联足式具有更强的负载能力。因此，现阶段足式物资运载救援机器人面临的问题是单位体积负载能力与行进速度两者之间的平衡。伤员运载救援机器人相对物资运载救援机器人有着更严格的运送标准。伤员运载救援机器人拥有生命检测系统与生命维持系统，但是该类机器人对伤员的准确识别与柔性搬运的能力相对较低，而且在运送过程中机器人会随路面变化产生颠簸，易对伤员造成二次伤害。目前国内外对伤员运载救援机器人的研究仍处在实验阶段，技术欠成熟，在救援现场还无法准确地完成对伤员的识别与搬运。

不同运载救援机器人对比见表5-2。

表5-2　运载救援机器人对比表

机器人名称	移动方式	最快速度/(km/h)	荷载/kg	救援功能	地形适应能力
LS3	足式（串联）	11	181	物资运载	中
猎豹	足式（串联）	45	—	物资运载	中
六爪章鱼	足式（并联）	1.2	200	物资运载	强
PH	足式（并联）	—	—	物资运载	强
爬行者	履带式	—	120	伤员运载	弱
RoboCue	履带式	—	120	伤员运载	弱
Bear	复合轮-履式	—	227	伤员运载	中

5.3.3　多任务救援机器人

近年来，随着技术的进步和救援行业的旺盛需求，诞生了具有多种功能的救援机器人。

1. 相关产品及发展

多任务救援机器人一般指具有多种任务模式、可精确操作目标物体且智能程度较高的救援机器人。

葡萄牙里斯本大学研发的多用途救援机器人MPRV［见图5-14（a）］，可用于核电站的维护检修与核事故救援。它的两个独立的机械手可以完成非常复杂的操作，如开关门、旋转绞盘。MPRV配备有三类摄像头，即正面与背面的RGB摄像头、正面的3D摄像头和分别位于各自机械手末端的两个3D操控摄像头，这三类摄像头可实现操控者的远程虚拟现实操作。

德国波恩大学的NimbRo救援队研发的移动操控机器人Momaro［见图5-14（b）］，

在混合移动平台上拥有一个拟人化的上身，头部配备有多种传感器，可以产生一个球形的视场，其中包括一个连续旋转的 3D 激光扫描仪、8 个 RGB-D 相机及一个自顶向下的广角相机。Momaro 的操作单元是两个七自由度机械臂，可完成多种复杂操作。

2015 年，美国举办的 DARPA 救援机器人挑战赛吸引了世界各国的救援机器人参赛，韩国制造的 DRC-HUBO 救援机器人［见图 5-14（c）］获得了当年挑战赛的冠军。DRC-HUBO 可以直立行走、攀爬楼梯、上下汽车，具有灵活的机械手臂，可以完成非常复杂的操作任务，如开关门、使用工具等。在平坦地面时可以屈膝，利用膝盖和脚上的轮子前进。

美国卡内基-梅隆大学研发的 CHIMP 救援机器人［见图 5-14（d）］同样参与了 2015 年 DARPA 救援机器人挑战赛，获得了季军。CHIMP 机器人利用三只机械手在狭小救援环境中执行复杂的操作任务。在运动方面，CHIMP 可直立行走执行操作任务，当 CHIMP 需要快速移动时，可以四肢着地，利用肘部和膝部的履带实现快速移动。

(a) 多用途救援机器人 MPRV

(b) 移动操控机器人 Momaro

(c) DRC-HUBO 救援机器人

(d) CHIMP 救援机器人

图 5-14　各种多任务救援机器人

2. 技术特点

不同的多任务救援机器人性能比较列于表 5-3。可以看出，多任务救援机器人具有以下三个技术特点。

（1）运动形式复杂多变。在面对不同的地形时，可根据地形特点选择最优的运动形式。

（2）机械手臂极为灵活。在救援任务中，可做出精细抓取、开关门、旋转阀门等高难度动作。

（3）控制算法先进。大多数多任务救援机器人已实现了半自主控制，甚至自主控制。

表5-3 多任务救援机器人对比表

机器人名称	移动方式	操控方式	精细抓取	旋转阀门	环境适应	深度感知
MPRV	轮式	远程操作	中	是	差	低
Momaro	足-轮复合式	自主控制	中	否	中	高
DRC-HUBO	足-轮复合式	自主控制	强	是	强	中
CHIMP	足-轮复合式	自主控制	较强	是	强	中

多任务救援机器人拥有强大的环境感知能力和操作工具能力，能够在核灾难救援、城市火灾救援和室内救援等场景应用。虽然该类机器人拥有较多种类和数量的传感器设备，但其在危险环境中的稳定性和可靠性还有待验证。

5.4 应急机器人发展趋势

虽然当前国内外研发了各种功能的救援机器人，但其实际应用情况还存在一些不足，主要表现在：救援机器人仍然无法满足灾后复杂环境的救援要求，其通过能力、感知能力、通信能力、续航能力等还需要进一步完善。救援机器人技术是多种学科的交叉，主要包括机械、控制、导航、通信、传感器等学科。以较为重要的控制技术为例，其控制形式由人员操作逐渐向半自主控制和完全自主控制的方向发展。随着人工智能、通信、控制等技术的发展，救援机器人的智能化、软硬件冗余化及多机协同救援技术等得以快速发展和实现。

救援机器人的智能化将使机器人具备准确的自我判断能力、目标认知能力及最优选择能力，从本质上提高救援机器人的救援水平；软硬件的冗余化是救援机器人在复杂多变的灾后环境中持续救援任务的保证；多机协同救援是未来救援工作的发展趋势。

5.4.1 救援机器人智能化

救援机器人常常面对复杂且未知的灾后环境，相对其他领域的机器人应具备更高的感知与认知能力。大多数救援机器人要面对非结构化的救援环境，因此对于路径规划、目标搜索及物体识别应做出准确且快速的判断。特别是针对伤员救援机器人，该类机器人的工作性质要求在任务中几乎不能出现任何错误偏差，这就要求机器人应具有高度的智能化。对于伤员的识别要准确快速，且要以柔性搬运的方式搬运伤员。这两方面都要求救援机器人具备高度智能的软硬件系统。因此，提高救援机器人的智能化将是救援机器人研发的一个重要研究方向。

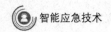

5.4.2　机器人软硬件冗余化

救援机器人工作的稳定性是救援机器人高效救援的考核指标之一。早期的救援机器人由于机械结构单一、控制算法简单等原因，在复杂性和不确定性较高的灾后环境中，会导致机器人部分软硬件失效，从而丧失救援能力。近些年，随着机器人技术的进步，一些救援机器人采用了软硬件冗余化的设计，即使机器人部分软硬件失效，仍可继续完成救援任务，使救援机器人的环境适应性与工作稳定性得到了明显增强。因此，救援机器人软硬件的冗余化是救援机器人技术又一重要的研究方向。

5.4.3　多机协同救援能力

多机协同在机器人技术和智能控制中都是较为复杂的技术，这要求机器人之间应具有高度的通信能力、同步能力，共享通信数据网络和传感器网络。多机协同救援不仅可以应用于同种类救援机器人，也可应用于不同种类救援机器人之间的协作。同种类多机协同救援是将以往单救援机器人的点救援拓展到多救援机器人的面救援，这将成倍节省救援时间，提高救援效率。不同种类的多机协同救援是将搜索探测、破拆清障、伤员运送等救援环节由不同功能的救援机器人完成，有效保护救援人员的生命安全。未来这一技术的发展，将有可能实现灾后危险区域的无人化救援。

总之，救援机器人的研究与运用将有效提升国家对突发灾害的处置能力，提高政府的社会治理能力和公信力，具有重要的研究价值和社会效益。

思考题

1. 什么是智能应急救援装备？它们主要分为哪几种类型？
2. 应急机器人的基本工作原理是什么？
3. 搜救机器人的技术特点有哪些？
4. 应急机器人技术的主要发展趋势有哪些？
5. 地震救援机器人分几类？分别有哪些功能？
6. 我国救援机器人面临的困境有哪些？

第 6 章 应急无人机技术

当今世界风云变幻,灾患频发,社会越来越呈现出各种不确定性和风险性,各类灾害事件突发与多发,我国现有的应急管理体系也逐渐暴露出对某些事件预警不及时、应急预案不适用等短板。但应急管理是国家治理体系和治理能力的重要组成部分,完善应急管理体系、加强现代化治理能力建设是我国当前的一项长期且紧迫的任务。

灾后救援,争分夺秒。历史经验告诉我们,地震后灾区的电力、通信、气象台站、地震台站等基础设施很可能被破坏和中断,灾区通信存在困难,道路交通受损严重,这就造成灾区外不了解灾区内的受灾情况,出现"盲区",而直升运输机对天气环境要求高,救援物资难以快速送达灾民手中。在此情况下,卫星遥感技术能够从空中较快地拍摄灾区影像,但受高度、分辨率和拍摄角度等因素限制,卫星图像不清晰甚至无灾区图像,无法了解受灾信息,给应急救援工作和指挥决策带来很大困难。此时,不受拍摄角度和地域限制、灵活机动的应急无人机得以大显身手。

6.1 应急无人机发展及特点

应急无人机是无人机发展到一定阶段后的自然产物,是现代应急救援工作的重要装备之一。无人驾驶飞机简称"无人机"(unmanned aerial vehicle,UAV),是利用无线电遥控设备和自备的程序控制装置操纵的不载人飞机,或者由车载计算机完全地或间歇地自主操作。与有人驾驶飞机相比,无人机上不用安装任何与飞行员有关的设备,可以有效地节省和利用空间装载应用设备以完成各种任务,但需要一套严密的控制系统。应急无人机是无人机在应急领域应用的统称,是现代应急救援中常用的一种工具,可以在应急管理的各个环节执行任务,如空中监测、空中监视、空中转信、空中喊话、紧急救援等。在执行特殊任务时,一般不会造成人员伤亡,生存能力强,机动性能好,使用方便,在处理自然灾害、事故灾难及社会安全事件等方面发挥着重要作用。2008 年 5 月 12 日,我国四川省汶川县发生特大地震,震后三天一架国产"千里眼"无人飞机,按照事先设定的精确坐标在大约 200 m 高的空中飞行,它用明亮的"眼睛"在整个北川县城 2 km² 范围内拍摄了灾区震后的情景:倒塌的楼房不计其数,滑坡的乱石、泥土埋没了道路,堵住了河流,北川几乎就是一片废墟!无人机在空中围着北川县城绕了两圈,仅用了 20 多 min,几百张高清度数码照片发送到地面救援指挥部,最终拼接成地震结果图,形成震后灾区的重要图像信息资料,为抗震救灾作出了重要贡献。图 6-1 为无人机拍摄的"5·12"汶川大地震后的灾区现场图片。

图 6-1 无人机拍摄的"5·12"汶川大地震后的灾区现场图片

6.1.1 应急无人机的发展史

第一架无人机诞生于 1917 年，由英国人皮特·库柏和埃尔默·A. 斯佩里制造，距今已有 100 多年的历史，但是无人机的应用则始于 20 世纪 50 年代。无人机在早期的应用是作为空军训练用的靶机，后来逐步用于空中侦察、电子对抗、目标指示等领域。在 20 世纪 60 年代的越南战争和 70 年代的中东战争中，无人机都有突出表现。在 1991 年的海湾战争及 1999 年北约空袭南斯拉夫的过程中，无人机都曾被频繁地用于执行军事任务。其后，以美国为首的西方国家充分认识到无人机在战争中的作用，竞相把高新技术应用到无人机的研制与发展上。2020 年 9 月下旬，阿塞拜疆和亚美尼亚发生战争，期间使用了大量无人机，最后胜负已无关紧要，但"唯一赢家是无人机，正重新定义现代战争"。我国 1966 年 12 月首飞成功的第一款无人机——长空一号，是一架大型喷气式无线电遥控高亚声速飞机，可供导弹打靶或防空部队训练。之后又发展了多款无人机系统，如 T-6 通用型无人机、Z-5 系列无人侦察机、ASN 系列无人机等，广泛应用于昼夜空中侦察、战场监视、目标定位、校正火炮射击、战场毁伤评估、边境巡逻等军事领域和航空摄影、地球物理勘探、灾情监测、海岸缉私等民用领域。

民用无人机的发展是在军用无人机发展之后，由于消防需要而逐步由军用改为民用。2006 年 10 月，美国航空航天局（NASA）和美国林业局在加州使用"牵牛星（Altair）"无人机在森林大火上空进行了两次飞行。使用 NASA 艾姆斯研究中心提供的红外扫描器查明了主要火灾点，并将数据发送给地面站，大约每隔 30 min 就向地面中继传输火灾图像，几乎实时为消防人员提供了火灾态势感知能力。此次任务的完成也标志着美国联邦航空局（FAA）首次批准军用无人机民用。在 21 世纪初，军用无人机从大个头逐渐向小巧机型转变，性能更加稳定，催发了专业民用无人机的诞生。2006 年，大疆创新科技有限公司在深圳成立，先后推出的 phantom 系列无人机，凭借超强的性能成功抢夺了国内外大部分无人机市场，在世界范围内产生了深远影响。2015年是民用无人机蓬勃发展的一年，无人机迎来了高光时刻。国内外无人机相关技术飞速发展，无人机系统种类繁多、用途广、特点鲜明，致使其在尺寸、质量、航程、航时、飞行高度、飞行速度、执行任务等多方面都有较大差异。无人机不仅在航拍、农药喷洒、灾害监测等领域大放光彩，还在居民日常生活中扮演了重要角色。

由于无人机的多样性，分类方法也不同。

按应用领域分类，无人机可分为军用与民用。在军用方面，无人机分为侦察机和靶机；在民用方面，无人机+行业应用，这是无人机真正发挥作用的领域，在应急、航拍、农业、植保、微型自拍、快递运输、灾难救援、观察野生动物、监控传染病、测绘、新闻报道、电力巡检、救灾、影视拍摄、人员监控、城市巡视等领域普遍应用，大大拓展了无人机本身的用途。按应用领域的无人机分类如图6-2所示。

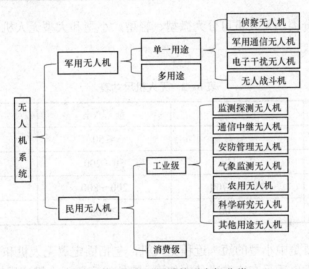

图6-2 按应用领域的无人机分类

按飞行平台构型分类，无人机可分为固定翼无人机、旋翼无人机、无人飞艇、伞翼无人机和扑翼无人机等，见表6-1。

表6-1 无人机按飞行平台构型分类

类别名	描述	特点
无人直升机	靠一个或两个主旋翼提供升力。如果只有一个主旋翼的话，还必须要有一个小的尾翼抵消主旋翼产生的自旋力	可以垂直起降，续航时间和载荷比中等。结构较复杂，操控难度较大
固定翼无人机	机翼固定不变，靠流过机翼的风提供升力	续航时间长、飞行效率高、载荷大。起飞时需要助跑，降落时要滑行
旋翼无人机	由多组动力系统组成的飞行平台，常见的有四旋翼、六旋翼、八旋翼，甚至更多旋翼组成	结构简单，动力系统只需要电机直接连桨即可，能垂直起降，缺点是续航时间短，载荷小

111

续表

类别名	描述	特点
无人飞艇	一种轻于空气的航空器,用来空中监视、巡逻、中继通信及空中广告飞行、任务搭载试验、电力架线,其应用范围非常广泛	它与热气球最大的区别在于具有推进和控制飞行状态的装置
伞翼无人机	一种用柔性伞翼代替刚性机翼的飞机,伞翼主要为三角形。伞翼可收叠存放,张开后利用迎面气流产生升力而升空	起飞和着陆滑跑距离短,只需百米左右的跑道,常用于运输、通信、侦察、勘探和科学考察等
扑翼无人机	利用不稳定气流的空气动力学,以及利用肌肉一样的驱动器代替电动机,可以探测核生化污染、搜寻灾难幸存者、监视犯罪团伙等	具有可变形的小型翼翅

按照飞机尺寸分类,无人机可分为微型、轻型、小型和大型无人机四种类型,具体分类尺寸见表6-2。

表6-2 无人机尺寸表

尺度	质量/kg	航程/km	升限/m
微型无人机	≤7	≤50	≤1 000
轻型无人机	7～116	50～200	1 000～7 000
小型无人机	116～5 700	200～800	7 000～18 000
大型无人机	≥5 700	≥800	≥18 000

应急无人机主要是中小型的短、近程无人机,包括固定翼无人机和无人直升机,尤其是中小型无人直升机更适于在突发事件中使用。国外的应急无人机应用较早,使用也成熟。在1996年,以色列将无人机用于火情监测,2006年,美国将无人机应用于飓风灾害的搜索救援,2011年,在日本福岛地震引发的核泄漏事件中,使用搭载传感器的无人机检查核辐射范围。我国无人机在应急救援中使用较晚,2008年汶川大地震期间,无人机第一次出现在我国的灾害事故救援现场。当时灾区内所有通信线路都被破坏,航测飞机受环境影响无法航拍,外界无法在第一时间获得灾情信息,国家相关部门立即派出专业人员,利用无人机的遥感航拍技术将现场图像回传到指挥中心,供专家和指挥人员对灾情进行研判并做出指挥决策。此后,无人机多次应用于灾害事故的救援工作中。2010年4月14日,青海玉树地震,利用无人机拍摄灾害现场,指挥部根据无人机传回的照片、视频等信息资料,对灾情进行研判和指挥。2020年,新冠病毒肺炎疫情期间,我国有780架无人机参与了疫情防控任务,为战胜新冠疫情作出了巨大贡献。2021年郑州"7·20"特大暴雨洪涝灾害,造成河南省150个县(市、区)1 478.6万人受灾,死亡失踪398人,直接经济损失1 200.6亿元。在救援阶段,出动了多种类型的无人机进行应急搜救、紧急通信、投送物资等救援工作,大大减少了人员伤亡和财产损失。图6-3是郑州"7·20"特大暴雨洪涝灾害中执行侦察和通信中继任务的翼龙-2H应急救灾型无人机。

图 6-3 翼龙-2H 应急救灾型无人机

目前,我国已经从无人机大国变为无人机强国,无人机在许多重要领域都有应用。在应急救援领域,正逐步成为一支重要的救援力量,极大地满足了抢险救灾的应用需求,提高了救援效率。从无人机在应急救援中的全球应用来看,世界上许多国家都已将无人机纳入应急救援体系中。

6.1.2 应急无人机的特点

作为现在应急救援的"利器",应急无人机在应急救援中发挥着不可或缺的作用,在实践中备受救援人员和灾民的称赞。中国地震局原发言人潘怀文说:"多次试验应用证明,无人机在震后迅速进入灾区航拍,可以远程实时指挥,实时传回更清晰的图像,全面、系统记录震害特征;成本低、易操纵、反应快,对大面积区域震害调查效率更高;有了无人机,专家可在后方集中精力,快速评估震害灾情,因此具有独特优势。"除航拍灾情以外,应急无人机技术还可实现挂载多种载荷模块,"变身"通信基站,具备灾后运输、投放物资、喊话、通信等救援功能。

应急无人机在工作中被认可的特点主要体现在以下几个方面。

(1)机动灵活。应急无人机具有体型小、质量小、易于起飞和行动机动等优点,对起飞条件限制较小,只需要一块较小的空地就可以,甚至在车顶都可以起飞。

(2)快速响应。由于应急无人机系统的小型化优点,可以在灾害发生后快速到达目标监测区域,在短时间内快速升空,迅速进行飞行和快速拍摄图像与视频,迅速展开救援行动。搭载的高精度装备能在短时间内获得监测结果,实现遥感数据的快速获取。

(3)作业能力强。如果灾害是火灾、化学品爆炸,或者灾害发生在人迹罕至的森林、沙漠等危险区域,人员难以到达目标区域,这时应急无人机便可以显示出其独特的优势,对危险区进行灾情调查、评估与救援。

(4)易于操控。只需要两个人,有时一个人也可以完成操作程序,控制无人机飞行。操作员能够方便地操控指挥无人机进入条件受限的灾害事故现场,帮助解决应急救援过程中的紧急问题。应急无人机的航拍图像传输能够实现现场监测,并接入公共互联网络,还可以采用多种载体实现对应急无人机的有效控制,如便携式计算机、手机等,进一步发挥无人机的功能。

（5）视野全面。应急无人机携带多种照相、拍摄、监测、通信等设备，如红外和热成像摄像头及 5G 通信模块，能够将数据链技术和宽带技术融入到无人机中，极大地拓宽了无人机视野，能够在不同的光线条件和多角度完成现场勘测，辅助应急救援行动。对灾区进行整体及局部特写的拍摄画面和视频，可以为应急救援工作提供更加全面的信息支撑，更有针对性地进行救援指挥，极大地提升救援效率和质量。

（6）运行成本低。无人机航空遥感系统的购置、运行成本都大大低于载人飞机，对场地和人员的要求也比载人飞机低很多，日常维护简单，这使得遥感数据的获取成本大大降低。

（7）安全可靠。由于应急无人机对起飞条件、作业环境要求较低，能够有效规避传统侦查手段中的缺陷和不足，即使在高温、高辐射、有毒和有害物质泄漏等复杂环境中也能正常工作，提供安全可靠的灾区信息、勘测数据，有效地支持救援行动。

6.2　应急无人机工作原理

应急无人机是一种通过无线遥控技术和自动控制装置操作的、面向应急领域的无人飞行器，其构造和工作原理与普通无人机几乎没有区别。

6.2.1　无人机系统的基本结构

无人机系统的组成可分为地面操控系统和无人机主体系统两大部分，其中地面操控系统可以是一台计算机、手机或专用的操控手柄，主体部分主要包括飞机机体、动力系统、飞控系统、数据链系统等几个部分，如图 6-4 所示。飞机机体是无人机的外观形状和包裹层，可以根据需要设计成多种形状；动力系统是无人机的能量来源，为无人机提供飞行、照明、动作等所需要的动力；飞控系统又称作飞行管理与控制系统，是无人机系统的最核心部分，对无人机的稳定性、数据传输的可靠性、精确度、实时性等都有重要影响，对其飞行性能具有决定性的作用；数据链系统可以保证对遥控指令的准确传输，保证无人机接收和发送信息的实时性和可靠性，保证信息反馈的及时有效和任务的顺利完成。

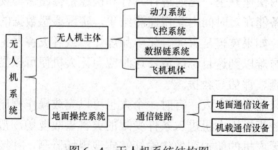

图 6-4　无人机系统结构图

6.2.2 无人机系统的工作原理

无人机飞行控制系统（flight control system，FCS）可以看作飞行器的"大脑"，控制着无人机的行为。无人机的各种动作，如飞行、悬停、姿势变化等，通过多种传感器将动作数据传回飞控部分，飞控部分通过运算和判断下达指令，由执行构造完成动作和飞行姿势的调整。

以旋翼无人机为例。悬停是无人机飞行控制系统的重要动作，在悬停状态下，无人机的四个旋翼具有相等的转速，产生的上升合力正好与自身重力相等，并且因为旋翼转速大小相等，前后端转速和左右端转速方向相反，从而使得无人机总扭矩为零，无人机静止在空中，实现悬停状态。垂直运动是无人机飞行控制系统的一般动作，在保证四个旋翼每个旋转速度大小相等的情况下，同时对每个旋翼增加或减小大小相等的转速，便可实现无人机的垂直运动。当同时增加四个旋翼转速，使得旋翼产生的总升力超过无人机的重力时，无人机便会垂直上升。反之，则垂直下降。翻滚运动是无人机的重要动作，在保持四个旋翼的前后端两个旋翼转速不变的情况下，通过改变左右端两个旋翼的转速，使得左右旋翼之间形成一定的升力差，从而使得无人机沿机体左右对称轴上产生一定力矩，导致在左右方向上产生角加速度，实现翻滚动作。俯仰运动也是无人机的重要动作，是在保持机身左右两端旋翼转速不变的前提下，通过改变前后两端的旋翼转速形成前后旋翼升力差，从而在机身前后两端对称轴上形成一定的力矩，引起前后方向上的角加速度变化，实现俯仰动作。偏航运动则是通过同时控制四个旋翼的转速而实现的动作。

6.3 应急无人机的应用案例

应急无人机根据其搭载的设备功能而在具体应急应用方面有很大不同，如载有长焦距相机、高清摄像机、热成像仪、红外夜视仪、应急通信等的遥感拍摄功能设备，载有光电吊舱、气体探测仪、水质检测仪等吊舱载荷，可以进行大规模、长时间的侦察及监护，为救援现场指挥决策提供重要依据。

6.3.1 灾前监测预警

无人机有很多优点，例如，建造和使用成本低、体积小、质量比较小、油耗低、易于操控和操作等，这与传统的载人飞机相比，运营成本大大降低。无人机最常用的基本功能就是可以进行高清摄像和拍照，实现对一些重点部门、关键点位的实时监测，一旦有危险立即报警。无人机还具有安全风险系数小的优点。由于无人机是通过地面遥控或程序操控飞行的，所以人员不需要升空，不会发生机毁人亡的事件。如果无人机出现事故，也仅是发生意外无法回收，这就大大避免了人员发生危险。

1. 无人机用于安全巡逻

无人机还可以用于安全巡逻，在能源充足的情况下进行无间断的巡查。在公共安全领域，无人机常常被公安部门用来巡逻辖区内的道路拥堵情况、人员聚集情况等。例如，1986年4月26日，在苏联发生的切尔诺贝利核能发电厂严重泄漏及爆炸事故，造成31人当场死亡，由于放射性物质泄漏而造成的影响是长期的。基于此，乌克兰国家禁区管理局自2016年以来一直在禁区内定期使用热红外无人机进行巡逻，以监控在禁区内发生的异常热量变化和存在的火灾隐患。因此无人机不仅是救灾行动中的有力工具，在事件发生之前的预防监测工作中，也具有重要应用价值。

2019年10月，我国首套"无人值守5G网联无人机高速巡逻执法系统"在兰州正式启用，支撑兰临高速0～17 km长下坡隐患路段的交通管理工作。无人机巡检可以实现24 h全天候自动化巡检，解决了高速路无法不间断巡检的难题，切实有效地达到了加强日常监管的作用，做到及时发现、排除和防范化解各种交通安全隐患。

2. 无人机用于危险区气体检测

应急无人机携带的气体探测仪，可同时搭载多种不同类型的气体传感器，对具有危险性的现场有毒有害气体进行实时监测，如图6-5所示。

图6-5 无人机监测气体

利用无人机进行气体探测的原理是：气体传感器利用红外和电化学原理检测危险区域内气体的含量，测量精度可达到$10^{-7} \sim 10^{-5}$，支持多种易燃易爆、有毒有害气体同时检测。搭载的气体传感器可根据实际需求随时更换，将采集到的数据同步传输至服务器后台中心，通过大数据分析技术判断是否有产生爆炸或二次爆炸的危险，有效避免灾害的发生。

3. 无人机用于水质检测

搭载有水质检测仪并配置多种智能水质传感器的无人机，可对河流、湖泊、海洋及地下水等多种水质环境进行检测，如图6-6所示。水质检测仪采用多合一的结构设计，可同时连接多支水质传感器，并可根据现场需要灵活选择、自由组合检测指标，配合地面站软件，实时分析所处环境的水质数据。相较于传统的人工水质检测，无人机进行水质检测，提高了水质检测的效率，减少了人力劳动和能源浪费，使水质检测变得更快捷、高效和智能。利用应急无人机进行水质检测克服了事故现场道路行进不便、强酸暗渠遍布、存在二次爆炸风险和有毒气体等不利因素影响，快速赶到事故所在流域对水质环境变化情况进行动态检测，并将实时数据传至系统信息平台，辅助建立灾害案例库，方便随时进行查阅和历史资料对比。

图 6-6 利用无人机进行水质环境检测

6.3.2 灾中救援与指挥调度

回顾近年来的大规模自然灾害和重大安全事故救援，从现场侦察到救援抢险，再到事后评估，均有无人机的参与。在应急管理的各个阶段中，应急无人机在灾中的灾情处置和应急救援是其主要用途，包括事故现场的夜间照明、监测巡逻、充当临时通信塔、为灾民投放物资、直接救援受灾人员等，应急无人机发挥着重要作用。

1. 现场监测与巡逻

在灾害发生现场，应急无人机可以实现对现场进行监测，协助救援人员进行指挥调度，无人机对于灾害及事故现场侦察有明显的优势。在自然灾害或重大安全事故发生后，第一时间动用无人机进行现场侦察已经成为普遍认同的抢险措施。应急无人机通过搭载的可变焦高清摄像装备，调整悬停高度和拍摄角度，实现多维度拍摄和全方位现场细节展示；也可对现场进行应急测绘，通过图传设备将事故现场情况回传至现场指挥部。各类灾害事故现场往往瞬息万变，必须在第一时间内掌握灾害事故现场的信息。应急无人机受地形、夜间等自然条件的影响小，可以随时、灵活地进入现场进行监测。

另外，应急无人机可以搭载微光夜视仪或热成像仪，完成夜间观测任务；搭载气体检测器对现场可能泄漏有毒气体的区域进行检测；利用多架次无人机，通过不间断飞行，对受灾点进行实时监控和追踪，为指挥中心提供动态灾情信息，便于做出科学的救援决策。

2. 空中照明

灾害事故具有突发性和不确定性的特征，因此事故发生时间无法预知。如果在白天，亮度足够，应急救援不需要外来照明设备。但如果发生在晚上，或者发生在阴天，亮度达不到救援要求，这时应急无人机需要提供高空照明服务。应急无人机一般搭载的空中照明吊舱，采用氙气或大功率 LED 灯光，亮度高，照射范围广，距离可达 500～1 000 m，可以在夜间或光线受限的情况下，对救援现场进行连续照明，辅助救援队伍夜间执行任务。在水域救援或山地救援等低能见度的救援现场，应急无人机可以为群众自救提供指示灯光，以便更好地感知周边环境。在这种情况下，一般采用系留无人机模式，实现应急无人机在灾害现场上空的长时间驻留。所谓系留无人机，是为解决无人机机载电池容量有限和供电时间短的缺点，可以在无人机上增加一条供电线缆，与地面发电机或电网连接，由地面对无人机提供电力供应，这在理论上可保证无人机一直驻留在空中。

由系留无人机为夜间救援提供照明，已成为夜晚应急救援的一种重要手段。在 2019 年 12 月 4 日晚间，厦门同安某农场发生一起火灾事故，由于是夜间救援，消防队使用了一台系留无人机提供照明，为救援人员和群众疏散提供了充足的光亮，如图 6-7 所示。

图 6-7　无人机提供夜间照明

在 2020 年 3 月 7 日 19 时 5 分，福建省泉州某酒店发生楼体坍塌事故，救援现场立即采用了不受续航限制的系留无人机，实现了长航时高空照明，保证了夜间救援行动的正常开展。

在 2020 年 6 月 13 日 16 时 46 分左右，一辆满载液化石油气的槽罐车在浙江省温岭市 G15 沈海高速公路出口发生爆炸，引发周边民房及厂房破坏，造成人员伤亡和财产损失。尽管事故发生在下午，救援工作却一直延续到夜晚，因此消防救援现场指挥部迅速部署了发电照明车、照明灯等装置。但地面端的照明设备提供的是自下往上的照明，很难侦察清楚屋顶的情况，于是消防指战员果断采用无人机，挂载机载照明设备，提供自上往下的照明。现场两种照明方案互为补充，给应急抢险人员提供了长时间的、强有力的照明保障。另外，由于救援现场情况复杂，照明车难以在废墟中灵活移动，而无人机则可"随叫随到"，随时调整光源角度及强弱，迅速响应救援行动中的照明需求。

3. 通信中继

目前应急救援无线通信网络由三级网组成，主要依靠性能相对较低的短波通信和卫星通信，易受装备和外部环境制约。在这种情况下，利用无人机进行中继通信就是一种不错的选择，保障灾区与外界的通信联系保持畅通。例如，强震发生后，灾区的无线基站和光纤电缆等通信设施往往被损坏,基本失去作用。这时可以利用应急无人机搭载中继通信吊舱,悬停在一定高度,为应急救援无线对讲系统提供通信指挥平台。在高层建筑、地下建筑或隧道发生火灾时经常会遇到通信中断的情况,极大地影响了灭火救援指挥的效率。此时可以采用无人机进行中继通信,可使通信传输距离在数千米以上,并具有较强的绕射能力和穿透能力,能够有效地解决建筑物阻挡等问题,为救援工作提供应急通信服务。

由于无人机机载电池容量有限,一般能够连续供电在 20～60 min,因此在无人机提供通信中继服务时,常常采用系留无人机工作模式。系留无人机搭载应急通信中继系统升空,相当于快速建立起一个移动通信基站,在一定区域范围内可以提供应急通信中继服务。对于较大范围的灾害现场,需要多台系留无人机同时在空中作为通信中继节点,与地面上的各个用户终端组成一个临时通信网络,如图 6-8 所示。另外,作为中继的无人机天线需要选择全向天线,以便接收水平方向上各个角度的信号,以及向各个角度发射信号。

基于系留无人机的无线应急通信中继系统具备快速部署、灵活配置、留空时间长、不受复杂地形地物限制等优势,可满足应急救援通信中语音、图像、视频、数据、短消息等多种传输业务需求,能够在应急救援中发挥重要作用。

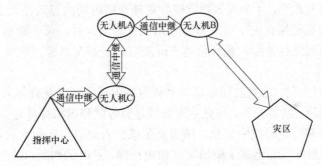

图 6-8　无人机通信中继示意图

4. 消防救援

应急无人机在消防救援中的应用非常广泛,已经成为消防救援工作的"消防利器",在各种消防救援场合都能看到无人机的存在。

1)在火灾消防救援中的应用

火灾猛于虎!火患是消防工作的重点,一旦发生火灾,如果得不到及时扑灭,后果极其严重。在大型火灾现场,灾区范围往往较大,一般的灭火装置难以胜任,救援效率远远达不到要求,救援效果很差,这时可以利用灭火无人机,携带灭火剂进行高空喷射,快速灭火。其原理是无人机把灭火剂喷射到起火点,迅速产生高速气流,并抛撒灭火剂,使火场即刻缺氧,抑制火势,将灭火介质均匀地覆盖火场,使火焰熄灭。

例如,在 2020 年 9 月,美国加州发生山火,造成森林大面积着火,当地消防警卫队采用了灭火无人机进行灭火作业,如图 6-9 所示。

图6-9 无人机扑灭加州山火现场图

目前无人机可分别携带发射器和灭火弹（灭火罐）或其他高效灭火剂，扑救高层建筑发生的火灾。发射器由专用吊舱悬挂在无人机腹部，由无人机操控者控制瞄准和发射，发射器中可预装1枚或多枚灭火弹。当高层建筑发生火灾时，可调派一架或多架无人机携带灭火弹或灭火罐，飞至起火楼层水平面方向20 m左右的位置，使无人机悬停至空中，瞄准起火点位置，发射灭火弹，灭火弹在高温作用下释放出灭火剂，火情逐渐被控制。根据有关的现场实验研究表明，4个灭火弹同时发射能在短时间内有效扑灭20~30 m^2 的火灾，这对于扑救高层建筑初期火灾十分有效。使用灭火罐灭火时，灭火罐容量可达8 L，灭火喷粉管依据现场情况进行伸缩，最长可达5 m左右，能够在高层建筑火灾中对起火点进行有效扑灭。

在2020年4月上旬，乌克兰切尔诺贝利核电站附近区域突发森林大火，并逐渐向附近核辐射禁区位置逼近。紧急关头，乌克兰国家紧急服务队和国家森林警卫队部署了10架无人机，以快速捕获高质量的空中信息，所有新生成的着火点坐标和大火蔓延方向都尽收指挥中心眼底，帮助指挥中心迅速了解情况并做出正确、及时的判断，进而高效灭火和救援。另外，灭火直升机根据无人机的热成像画面和提供的低空数据信息，精准地将消防水从高空投到准确的火灾地点，达到精准灭火目的。这次应急无人机与直升机的绝妙配合灭火，帮助救援人员高效地完成救火任务，最大限度地减少人员对火情的直接介入，保证了救援人员的人身安全。

由于森林大火易扩散，使用直升飞机对远离城市的森林进行投水灭火时，机组人员更易面临危险。应急无人机给了直升飞机在火情扩散前的窗口期迅速处置火情的机会，消防员也能鸟瞰整个地形，帮助判断火势的整体变化，从而指引直升飞机有效、精准灭火。无论面对浩荡猛烈的森林大火，还是险峻凶悍的工厂火灾，具有空中视角的无人机愈发成为洞悉火灾局势不可或缺的核心要素。

2）在化工厂爆炸消防救援中的应用

化学物品往往含有毒性、腐蚀性、难闻气味、易爆易燃等物质，一旦发生爆炸事故，很可能引起火灾、腐蚀性灾害等其他事件，导致消防员难以接近灾害现场，给消防救援带来很大困难。在这种情形下，应急无人机就能够发挥重要作用。无人机可以在灾害现场上空不断巡逻、采集信息、发布通知，甚至于喷射灭火剂、喷洒消毒剂，给消防救援工作带来很大帮助，极大地降低生命伤亡和财产损失。

例如，在 2019 年 3 月 21 日 14 时 48 分，江苏省盐城市响水县生态化工厂发生一起严重爆炸事故，这次爆炸危害巨大，引起强烈震动，国家地震台为此发布 2.2 级和 3.0 级的地震公报各一次，并波及周边 16 家企业，后经全力处置，爆炸事故得到妥善处理。在此次爆炸事故的救援中，江苏省消防救援总队出动固定翼无人机和多旋翼无人机等机型若干架次，携带光电吊舱、气体探测仪和水质检测仪等吊舱载荷全程参与事故救援，极大地提升了爆炸事故救援效率。在灾害救援完成后，无人机依旧守护在现场上空，持续地监控，防止火情复燃。

自应急管理部提出"应急管理一张图"项目建设以来，越来越多的救援行动开始深度应用数字化模型，帮助准确研判现场。事故发生后，无人机的巡航能力、覆盖能力、通信能力、救援能力等在应急救援中发挥了重要作用。无人机采集的位置、灾情等信息，可以利用相关系统软件生成三维数字模型，制作成精准的作战地图，成为救援战术制定的重要依据。指挥中心可以在电子作战地图上直接标注被困人员位置、已搜救及未搜救区域位置、救援路线等信息，精准高效地调配人员、部署救援资源，在第一时间将任务下发到前线消防指战员手中。在救援工作完成后，救援人员还可以根据现场救援的各种信息、图件、资料等进行战术复盘，对救援工作进行评价，对应用无人机进行经验交流，提升救援和指挥水准。

5. 空中喊话

应急无人机空中喊话吊舱具有质量小、音质清晰、音量大、覆盖范围广、抗干扰性强、传输距离远的优点，适用于大型活动消防安保、群体性事件处置和引导被困人员逃生等场景。空中喊话吊舱采用高功率广播系统，可配备杂波滤波器，语音广播清晰，支持实时无线喊话、警笛、重复播音内容等功能。在嘈杂环境中可有效传达指令，音质稳定，传输流畅，随时传达指引内容，既可有效保障消防救援人员自身安全，又能帮助被困人员快速逃离灾害现场，疏散拥挤人群，降低人员恐慌和拥挤踩踏风险，防止二次灾害的发生。

6. 运送物资

应急无人机搭载空中抛投吊舱可携带各种物品，多次投放，利用无人机的快速反应能力第一时间直达投放区域上空。无人机搭载远程可视瞄准系统，精准定位远程投放，可用于投放呼吸面具、防烟面罩、救生圈、救援绳、食品、急救药品等救援物资。空中抛投吊舱适用于消防救援人员无法或不便到达且需要投放物资的救援现场。例如，在火灾现场抛投防烟面罩帮助被困人员在浓烟下快速自救逃离现场；若被困人员下方有火源，不具备逃生条件时，无人机也可进行空中搭线，通往对面楼宇，实行横向逃生，确保施救过程中被困人员的生命安全。

6.3.3 灾后修复重建

灾害发生后，无人机依然可以有很多的作用，如灾后绘制数字地图、对灾区重建进行指挥和调度、对灾民进行心理干预和补给，协助救援人员查看建筑物的破坏程度、道路通行能力、遇难人员分布等；还有空中喷洒消毒剂，防止瘟疫发生与扩散。应急救援工作后，需要对灾害事故进行调查，分析原因、评估损失、交流救援经验等，还要进行灾后恢复和重建。

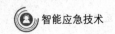

大灾后的灾区重建是一个庞大而复杂的系统工程,在这个过程中无人机航测技术可以提供最新的地形图,国家、地方政府根据新地形图,对整个灾区的灾情做出全面评估,并可以结合灾区的地形、地质、社会经济等数据,对灾区重新选址和移民搬迁做出决策。

6.4 应急无人机的发展趋势

应急无人机具有很多优点,能够代替人类完成若干重要任务。近年来,应急无人机在应急救援中表现卓越,已经为大众所共睹。各地政府和消防部门也非常重视应急无人机在消防救援中的作用,不惜投入巨资对有关部门加强配备。可以预测,应急无人机在应急救援中更将大放异彩。

下面从几个方面探讨一下应急无人机的未来发展方向。

6.4.1 更加智能化

灾害事故之后的灾害现场复杂多样,未来的应急无人机必须与人工智能技术、大数据技术、云计算技术、移动通信技术等信息技术相结合,研发智能化程度更高的无人机。智能化的无人机将具有自动识别作业场景、及时调整动作类型,具有一定决策能力等,大量的先进技术和设备将要用到应急无人机,提高应急救援效率和质量。

6.4.2 协同性更强

未来的应急无人机将模仿军用无人机的协同作战性能,无人机和无人机之间、无人机和地面之间、无人机和有人飞机之间都将互相通信,充分发挥各种功能、各种层次无人机的优势,彼此协调,联结成一个能够相互配合、相互补充、协同作战的有机整体,为了一个共同的目标协同作业,提高工作质量和效率。

6.4.3 续航时间更长

根据美国在《无人机系统路线图(2005—2030)》中的说明,"推进技术和处理器技术是无人机的两大关键技术。"目前应急用的中小型无人机动力以常规内燃机动力、电池和混合动力为主要方式,一般可以在空中续航 20~30 min,这给紧急救援带来重大困扰。目前一些无人机提供了太阳能等作为动力,但在天气状况不佳、夜晚救援时将无法使用;还有一些采用了新型材料、能量传输和能量存储等新技术和手段,已经延长了无人机的续航能力,但离紧急状态下的应急需求还有一定差距,仍需要开发续航能力更强的无人机动力系统。

6.4.4 新型复合材料的应用

目前的应急无人机多以铝合金、复合塑料、碳纤维等材料为主,具有高低温冲击不开裂、可电镀、易喷涂、高强度、易加工、耐腐蚀、高流动、高韧性等优点，受到无人机制造企业的普遍青睐。但铝合金的质量大、复合塑料的易燃和脆弱性、碳纤维的价格等都颇受诟病，急需要开发新型材料，以提高无人机的轻便性，提高载荷量。

6.4.5 管理规范化

目前，我国应急无人机管理体系正在逐步建立和完善过程中，工信部、民航局、应急管理部等主管部门正逐步推出应急无人机的飞行标准管理、适航审定管理、市场运营管理等相关法律法规。同时国家推出的政府购买服务政策，也使得应急无人机的运营模式发生改变，转向由专业无人机运营公司提供服务，无人机研制企业为运营公司提供技术保障的产业链协作模式，成为应急产业的一个重要环节。未来，我国应急无人机管理体系必将向完善规范方向发展，形成应急无人机的运行标准化和规范化。

思考题

1. 应急无人机的工作原理是什么？
2. 无人机系统的基本结构主要包括哪几部分？
3. 无人机在应急救援工作中可发挥哪些作用？
4. 按照飞行平台构型，无人机可分为哪几类？并说明各类的特点。
5. 应急无人机具有哪些优势？
6. 应急无人机未来的发展趋势主要体现在哪些方面？

第7章 应急3S技术

随着社会和经济的高速发展，人类受到自然灾害、事故灾难、公共卫生、社会安全等各种突发事件的威胁越来越严重。针对各类突发事件的响应速度和处理决策能力通常被视为应急管理是否成功的重要标志，也是衡量应急管理系统有效性的最主要的指标。对与突发事件应急管理有关的各类信息进行统一管理，并通过信息整理、分析、评价、模拟，制订出有效的应急预案，是提高突发事件应急系统的响应速度和决策正确性的重要技术手段，但传统的手段已无法满足这一要求。遥感（remote sensing，RS）技术、地理信息系统（geographic information system，GIS）和全球卫星定位系统（global positioning system，GPS）等技术在灾害事故应急管理与防灾减灾领域研究广泛、应用高效。近年来，国内相关研究机构、学者整合3S技术，为应急管理提供了新的技术手段和方法，并提高了政府对重大突发事件的快速反应能力和科学决策水平。

7.1 应急3S技术介绍及发展

应急3S技术是指：依托遥感技术、地理信息系统和全球定位系统，有机整合通信技术、计算机技术、空间分析技术、传感器技术、定位导航技术、遥感监测技术等综合技术，为高效开展灾害事故预防准备、监测预警、响应处置、恢复重建等应急管理活动，进行灾害事故过程演化的信息采集、处理、管理、分析、表达、传播和应用的多学科、多领域综合交叉的现代应急信息技术。

7.1.1 应急3S技术介绍

RS技术是在20世纪60年代初发展起来的一门新兴技术，开始为航空遥感。自1972年美国发射了第一颗陆地卫星以来，标志着航天遥感时代的到来。经过几十年的迅速发展，目前遥感技术已广泛应用于资源环境、水文、气象、地质地理、灾害勘查和应急救援等领域，成为一门实用、先进的空间探测技术。

GPS最早由美国在20世纪70年代开始研制，历时20年，耗资200亿美元，于1994年全面建成，具有在海、陆、空进行全方位实时三维导航与定位功能的新一代卫星导航与定位系统。当前，GPS在灾害演化与工程变形测量、灾情调查评价、应急物流、指挥调度等领域应用广泛。

GIS是解决空间问题的方法、工具和技术，是专门用于采集、存储、管理、分析和表达空间数据的信息系统，具有模拟现实空间世界和进行空间数据处理分析的能力。GIS既可以看作是人们用于解决空间问题的"资源"，也是一门关于空间信息处理分析的科学技术。

在这三种技术中，遥感技术通过不同遥感传感器来获取地表数据，然后进行处理、分析，最后获得感兴趣标的物的有关信息，并且随着遥感技术的发展，所能获得的时空和光谱信息越来越丰富。地理信息系统的优势在于对数据进行分析，为数据处理提供一个系统平台。如果将两者集成起来，一方面遥感能帮助 GIS 系统解决数据获取和更新的问题；另一方面，可以利用 GIS 中的数据帮助遥感图像处理。由于 GPS 在实时定位方面的优势，使得 GPS 与遥感图像处理系统的集成变得很自然。不管是地理信息系统，还是遥感图像处理系统，处理的都是带坐标的数据，而 GPS 是当前获取坐标最快、最方便的方式之一。随着卫星技术的发展，定位精度也越来越高。3S 技术是将遥感图像处理系统（RS）、地理信息系统（GIS）和全球定位系统（GPS）集成在一起，共同实现对空间数据采集、位置定位、空间数据分析与处理的综合系统。3S 技术为科学研究、政府管理、社会生活、数字地球提供了新的观测手段、描述语言和思维工具。3S 技术是一个集成系统，三者相互作用、相互支撑形成了"一个大脑，两只眼睛"的框架结构，即 RS 和 GPS 向 GIS 提供或更新区域信息及空间位置信息，GIS 进行相应的空间分析，根据需要提取特征信息进行综合集成，为正确决策提供科学的依据。

自 1999 年美国前副总统戈尔提出"数字地球"概念以来，3S 技术的发展引起了各国政府的重视，被广泛应用于与空间数据相关的领域，其中应急管理是 3S 技术应用的一个重要方向，主要表现在以下几方面。

（1）建立应急管理领域的综合数据库。利用 RS 技术采集灾害现场的影像数据，利用 GPS 技术采集位置信息，利用 GIS 技术对灾害的空间信息进行收集、归类，然后进行数字化、数据库化和网络化开发，并与各个领域的行业信息数据库进行标准化链接，实现网络互联、信息互通和综合应用等，形成统一的综合应急决策支持数据库，提高应急管理信息资源的系统性、权威性、规范性、广泛性、实时性与共享性。

（2）建立应急指挥调度与决策支持的综合信息管理系统。以 3S 技术为核心，利用现代信息技术、网络技术、数据库和数据仓库技术、大数据技术等，建立面向应急指挥调度与决策的综合信息支持系统，为安全监管、应急救援、防灾减灾等提供技术支持。

（3）灾害分析评价与灾情预测模拟。在应急管理中，通过 3S 技术进行灾情信息收集，用空间查询与空间定位技术获取突发事件造成的影响并进行分析评价，建立相应的事件调查记录数据库和灾害评估数据库，确定突发事件发生后所需的应急资源，对事件进行风险跟踪及模拟预测，对突发事件的影响及损失进行评估，为后期管理及恢复重建提供有效数据。制定相应的规范、条例和警力资源分配，对潜在的危险和突发事件进行认知和定位，确定出应急风险防控路线及重点防控区域。

（4）应急预案的科学制订与演练。为高效、有序应对可能发生的灾害和事故，需结合 3S 技术系统有针对性地制订风险评估、应急准备、响应处置等应急流程和应急行动的指导性文件，并定期有序地开展演练。依据《突发事件应对法》和预案编制演练相关的规定，需整合灾害背景数据、基础地理数据、承灾体数据、防灾减灾资源数据及灾害专题数据的系统数据库，针对可能发生的灾害事故进行预案编制与演练。结合 3S 系统进行情景构建，实现灾害处置沉浸感；结合灾害演化分析模拟软件，实现灾害、事故风险识别与预测；依据应急管理体制、机制设置对应的角色和权限，进行交互式流程化处置、指挥与组织协调，包括已有应急资源系统调配优化、路径优化、信息报送与发布、模板式预案定制修订与管理等。此外，可根据应用模式进行平时预案编制与演练、灾时预案启动实施及修订等不同场景应用。最终，通过对灾情的分析评价和预测模拟情况，制订出合理的、科学的、具体的、可操作性强的应急预案，达到决策快速、指挥有序、操作高效等目标，实现高效的应急管理。

（5）应急信息发布。利用 GIS 空间数据获取发布功能，进行灾区信息的收集、存储、归类，将所有与突发事件相关的信息，以电子地图、遥感影像、三维可视化等形式，通过网络、媒体等途径实时、动态地发布最新灾害发展信息，如灾情发展趋势、影响范围、处置情况及采取的应对措施等，正确引导公众对灾情信息的了解和对应急救援进程的理解，掌握网络舆情主动权，打赢信息时代背景下灾害伴随的舆情信息战。

7.1.2　应急 3S 技术的发展

应急 3S 技术通过将遥感技术、地理信息系统和全球定位系统三种技术相互结合，有力地推动了 3S 技术实用性的提高。其中，遥感技术主要是为区域性、大范围的环境监测提供信息源，能够做到在时间和空间范围上的连续覆盖；地理信息系统主要协助进行数据的管理和分析；而全球定位系统可以实时动态地提供精确的定位信息。

自 20 世纪中叶起，RS、GPS 和 GIS 三种技术各自独立发展，为不同的行业和领域提供服务。RS、GPS 和 GIS 在空间信息采集、动态分析与管理等方面各具特色，且具有较强的互补性，这一特点使得 3S 技术在应用中紧密结合，并逐步朝着一体化集成的方向发展。1994 年 4 月，由美国 30 多所著名大学、国家高新技术项目署和美国自然科学基金会联合提出，经美国政府批准，实施"国家空间数据基础设施"（national spatial data infrastructure，NSDI）项目，极大地推动了 3S 技术的发展。以空间数据应用为目标，将 RS、GIS、GPS 三种独立技术中的有关部分有机集成起来，构成一个强大的技术体系，可实现对各种空间信息和环境信息的快速、机动、准确、可靠地收集、处理与更新。目前 3S 技术已有 30 多年的发展史，在工业、农业、灾害监测、应急救援、智慧城市等众多领域得到广泛应用，并产生出巨大的经济价值与社会效益。其中，GPS 主要用于目标物的空间实时定位和不同地表覆盖边界的确定；RS 主要用于快速获取目标及其环境的信息，发现地表的各种变化，及时对 GIS 进行数据更新；GIS 是 3S 技术的核心部分，通过空间信息平台，对 RS 和 GPS 及其他来源的时空数据进行综合处理、集成管理和动态存取等操作，并借助数据挖掘技术和空间分析功能提取有用信息，为科学决策提供依据。

应急 3S 技术是将 3S 技术综合应用于应急管理领域，是在应急领域应用的集成系统。RS 技术从诞生开始就和防灾减灾联系在一起，帮助人类从空中监测地面情况。最初是航空影像，在 1909 年人类的第一张航空影像图片问世，之后人类利用航空拍照的方式观察地面灾害的情况。1957 年，苏联发射了人类第一颗人造卫星，从此开启了卫星遥感时代，从太空不断地观察地球，监测地球的各类大型自然灾害。GPS 技术能够提供灾害位置信息，对涉及地质灾害、地震灾害、洪涝灾害、海啸等各种自然灾害有一种天然的联系，因为自然灾害都需要位置信息。世界上第一个真正投入应用的 GIS 系统是 1967 年由罗杰·汤姆林森博士所开发的加拿大地理信息系统（CGIS），用于分析加拿大土地资源的农业、休闲、野生动物、水禽、林业等情况，但很快 GIS 系统被应用于滑坡、泥石流、塌陷等地质灾害的空间数据分析研究之中。因而，集成三种技术为一体的 3S 技术，从一开始就为防灾减灾和应急救援提供了必要的技术基础，之后被应用到应急管理的各个阶段。

我国 3S 技术的发展较晚，经历了四个阶段，即起步阶段（1970—1980 年）、准备阶段（1981—1985 年）、发展阶段（1986—1995 年）和产业化阶段（1996 年以后）。经过几十年的发展，目前 3S 技术已在我国众多机构和领域得到广泛应用，其中 GPS 以全天候、高精度、自动化、高效益等特点成功地应用于大地测量、工程测量、航空摄影测量、运载工具导航和管制、地壳运动监测、工程变形监测、资源勘察、地球动力学、汽车导航等多种学科领域中，GIS 与 RS 已在资源开发、环境保护、城市规划建设、土地管理、农作物调查与估产、交通管理、能源调查、地图测绘、林业管理、房地产开发、自然灾害监测与评估、灾害保险、军事领域应用、犯罪分析、石油与天然气运输及资源管理、公共汽车调度等方面得到了具体应用。在国内防灾减灾和应急救援领域，3S 技术的应用已经非常普及，已成为基础支撑技术之一。

7.2　应急遥感技术

遥感（remote sensing，RS）多指从高空或外层空间接收来自地球表层各类地物发射或反射的电磁波信息，并通过对这些信息进行扫描、摄影、传输和处理，从而对地表各类地物和现象进行远距离控测及识别的现代综合技术。应急遥感技术是在不直接接触物体的条件下，应用飞机、飞船、卫星等遥感平台搭载光学或电子光学传感器，接收地面物体反射或发射的电磁波信号，经处理、转换后以图像胶片或数据磁带形式记录下来，传送到地面站，经信息处理、判读分析和野外实地验证，按一定周期获取灾害背景信息、损失情况或地物变化状态信息的空间信息技术，主要用于灾害调查、资源勘探、灾情动态监测、灾害风险识别、应急救援和有关部门的规划决策。遥感技术涉及整个接收、记录、传输、处理和分析判读遥感信息的全过程，包括遥感手段和遥感应用，其核心组成部分是遥感器，依靠记录地物发生或反射电磁波谱表征地物信息，并借助遥感平台或传感器实现周期性的、有针对性的重访，完成变化监测。

当前，遥感光学成像主要包含模拟成像和数字成像两种方式。模拟成像主要是应用相机胶卷来完成拍摄任务，是早期主要成像方式。现在数字成像方法已成为主要的遥感成像方式，利用计算机技术处理电波信号，转变为规则的图像。此外，还可以获取不同维度的信息，利用三维成像的方法来还原物体形态。遥感技术的运用有效地节约了调查、研究所需的人力和物力资源，使得人类可以更加便捷、经济地获得有效信息。其中，在灾害调查评估过程中及灾后复杂环境紧急处置和应急救援背景下，遥感技术为人类了解当地灾害损失与灾害发展情况提供了极大的便利。图 7-1 是汶川地震发生后，北川震区遥感影像示意图，可以清楚地看到震后的灾害情况。

图 7-1　北川震区遥感影像示意图

7.2.1　应急遥感分类

正如前面所说，3S 技术已成为现在应急管理领域的一件"利器"，其中遥感技术从天空中辅助人们观测地球，以一个范围更广阔、层次更深刻的视角监测灾害现场及周边的地物情况，包括建筑破坏程度、道路交通状况、桥梁损坏情况、重点目标与重大隐患安全状态、受灾群众分布和水源地分布等信息，相当于"超级眼睛"，能及时、可靠地为地面救援指挥人员提供灾区场景图，以利于应急救援和指挥调度。不同的应急场景，遥感技术的使用也不一样，因此遥感技术的分类也多种多样。

1. 按应急遥感对象分类

灾区监测遥感：遥感对象是受灾区域灾情或灾害背景情况，可监测洪涝或地震灾害灾区的受灾面积、地表破坏情况、环境与植被破坏情况、建筑物损坏情况、交通状况等。

应急救援遥感：遥感对象是灾区承灾体受损情况、救灾资源分布情况及道路通达性分析，主要关注灾民分布、地表破坏与受损程度等，道路交通和桥梁、电力线、通信基础设施、热力管道工程等生命线工程破坏情况。

2. 按遥感平台分类

航天应急遥感：遥感平台处于海拔高度大于 80 km 的高空中，主要有火箭、人造卫星、宇宙飞船、航天飞机等。

航空应急遥感：平台处于海拔高度小于 80 km 的高空中，主要有飞机、飞艇、气球、无人机等。

地面应急遥感：应急平台处于地面或近地面，主要包括三脚架、遥感车、高塔、轮船等，能够以比较近的距离拍摄高清晰度的图像、视频等。

3. 按传播媒介分类

电磁波应急遥感：按照电磁波的工作频段，可分为可见光、红外、微波、紫外线等。电磁波通过摄像、热成像、扫描等工作方式，获取地震、火灾、洪涝、雾霾等灾害或环境遥感影像，都属于电磁波遥感范畴。

声波应急遥感：是指利用声波开展灾害状态或灾害背景状态的遥感监测的方式。如在监测海啸、海洋地震时，可以利用超声波探测海水和海底情况，绘制灾区的三维场景。

力场应急遥感：利用重力场、磁力场、电力场等地球物理场进行周期性监测，可为地质勘查、地震灾害、地壳质量变化等危险性评价与中长期预报等工作提供依据。

地震波应急遥感：利用地震波探测地层构造、断层分布、地层褶皱状况，可以为地震危险性、地质灾害危险性分析提供科学资料。

4. 按传感器工作方式分类

被动应急遥感：对于这种遥感方式，传感器本身不发射任何人工探测信号，只能被动地接受来自对象的信息，如红外线、热辐射、电磁波等遥感。

主动应急遥感：传感器本身带有电磁波的发射源，工作时向目标发射信号，接收目标物反射辐射波的强度和距离，如主动电磁波遥感、地质雷达等。

7.2.2 应急遥感系统的组成

一般来讲，应急遥感系统由遥感平台、传感器、数据处理服务系统等部分组成（见图7-2），负责对探测对象发射或反射电磁波辐射的收集、传输、校正、转换和分析处理的全部过程，这是将记录灾害变化或灾害背景信息相关的物质与环境信息的电磁波信号转换成数字图像、数字视频或图形形式。通常，自然界中绝对零度以上的物体都具有发射和吸收电磁波热辐射特性，多与地物温度、辐射率、电磁波频率等因素有关，而地物反射外界照入的能力则多与地物颜色、结构和含水程度等因素相关。

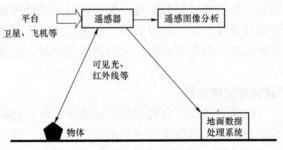

图7-2 遥感系统组成

1. 遥感平台

在应急遥感中，搭载遥感传感器的工具或设施统称为遥感平台，可分为航天应急遥感平台、航空应急遥感平台和地面应急遥感平台三大类，其中航空遥感平台包括飞机、气球、卫星、遥感车和无人机等。近年来，卫星遥感、无人机遥感已经成为应急遥感平台的主流，在灾区监测、应急救援指挥辅助决策等方面应用广泛。

2. 传感器

这是应急遥感信息获取的核心设备。传感器可以采集、处理、转换、记录目标物的电磁发射或反射电磁波，包括照相机、扫描仪、热成像仪、地质雷达、水位仪、温度计等。传感器主要利用各种不同地物对电磁波的吸收、反射和散射特性的不同，因而利用地物反射波谱或发射波谱所呈现的差异特征进行物体的辨别分析。此外，传感器一般需安装搭载在相应遥感平台上，其中安装在飞机上的传感器称作机载传感器，安装在气球上的称为球载传感器，而卫星上安装的则称为星载传感器。

3. 应急信息处理系统

应急信息处理系统是地面站专业人员及用户按不同的目的，对遥感影像进行处理，获取所需信息并应用于应急管理的过程。基本方法是将原始遥感数据进行转换、校正、数据管理和分发，按照某种应用目的进行预处理、几何处理、增强处理、判读分析、质量评价与制图等。以遥感信息作为地理信息系统的数据源，可以为有关人员提供查询、统计和分析等服务。

应急遥感系统是一个相对庞杂的应急资料提供体系，对某一特定的应急目的来说，可选定最佳的遥感数据源与数据产品组合，以发挥各分系统的技术优势，提升处理效率，保证分析精度，创造应急管理的经济价值和社会效益。

7.2.3 应急遥感的主要特点

应急遥感是遥感技术在应急领域的应用，可以为人类提供范围广阔、不同深度层次、不同监测频次的区域性高清晰图像和视频，为防灾减灾、抗灾救灾和应急管理提供重要的科学依据。应急遥感技术的特点归结起来主要有以下五个方面。

1. **可获取大范围的数据资料**

通常，应急遥感使用的飞机平台飞行高度为 10 km 左右，使用的陆地卫星的轨道高度可达到几百千米以上，且轨道越高，遥感传感器一定视角获取的影像幅宽越大。通过遥感手段可以获取很大范围的卫星影像或航遥影像，如一张陆地卫星图像，其覆盖面积可达几万平方千米。因此，可进行森林火灾、海洋灾害、高速道路交通事故、洪水灾害、强震和城市内涝等大范围的灾害监测，且宏观态势信息的图像获取对大范围的灾情分析与评估判断极为重要。

2. **可获取灾区的高精度图像资料**

以无人机、气球、飞艇等为搭载平台的应急遥感系统，可以获取灾害区域及周边一定范围内的地物高清影像信息，为应急救援提供精准的信息资料。例如，一般离地面几百米的无人机平台搭载的高清传感器，可以拍摄几万平方米地面范围内的地物高分辨率影像信息，并可获取高精度细节信息。例如，通过无人机获取机动车牌号、人脸、手套等精细信息，可为应急救援提供精准的信息资料。

3. **获取灾区信息的速度快、周期短**

对于航空遥感，尤其是无人机、气球、飞艇等遥感平台，很多时候直接面对应急事件，使用场景就需要信息获取速度快，而且随时可以进行重复拍摄；对于卫星遥感，由于卫星围绕地球运转，从而能获取所经地区的自然、社会和灾害现象的周期性监测资料，以便按需更新原有资料，或者根据新旧资料对比变化进行动态监测，使得区域灾害调查、灾情监测获取数据信息具有典型综合性、经济性、时效性，是人工实地测量和航空摄影测量无法比拟的。例如，陆地卫星每 16 天或 18 天可覆盖地球一遍，CSES 卫星每 5 天重访一次，NOAA 气象卫星每天能收到两次图像，而欧空局 Meteosat 卫星每 30 min 获得同一地区的图像。通过不同影像组合及时获取大范围的灾害救援相关辅助决策数据与信息是事关应急管理与应急救援成效的关键。

4. 获取信息的手段多，信息量大

根据不同的任务，应急遥感技术可选用不同波段和遥感仪器来获取不同对象或地物信息。例如，可采用可见光探测地物，也可采用紫外线、红外线和微波探测地物；利用微波波段的云、雾穿透性特征，可进行灾区全天候连续的监测任务。此外，应用声波、地震波、重力等不同介质开展遥感，还可获取地球内部的信息，如地质断层、地下溶洞、暗流等地质地貌现象。

5. 获取信息受条件限制少

针对自然条件极为恶劣、不适宜人类调查研究的环境，如大山深处、沙漠深处、沼泽地、极地区域等，遥感观测对该类地区科学研究、灾害调研与应急救援等具有无法比拟的优势。采用不受地面条件限制的遥感技术，应用遥感平台，如载人飞机、无人机、气球、卫星等，搭载传感器开展灾害应急监测与调研，可方便及时地获取各种宝贵的灾害和应急信息资料，为救援指挥者提供决策依据。

7.2.4 应急遥感系统的应用

目前，遥感技术在应急领域的应用已经广泛展开，在突发事件、紧急救援、灾区监测、救援保障等各个应急管理环节都得到使用，在应急救援中发挥着重要作用。图 7–3 是一个应用遥感技术实现海量数据分析、处理、管理的平台框架结构。在应急事件处理情况下，这个框架结构中的数据信息、成果图件等将面向应急服务。进入 21 世纪以来，信息技术对提升民众灾害关注聚焦程度提供了坚实基础，极大地强化了民众防灾减灾意识，提升了应急管理水平。

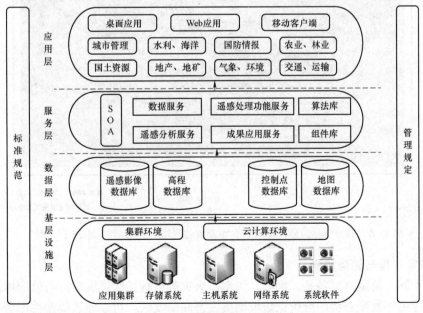

图 7–3　遥感数据处理框架

1. 用于突发事件监测

灾害发生后，往往造成电力中断、通信中断、交通堵断等，使得灾区与外界无法联络。因而，现有常规通信、信息技术与监测技术仍无法克服大灾、巨灾后通信、信息不通畅甚至中断的问题，极大地阻碍了指挥救援、应急管理等工作的时效性。灾区如同战场，救灾如同打仗，情况随时变化，对各种信息的需求成为救灾的关键要素。应急遥感系统利用卫星、无人机等遥感平台，通过携带的影像仪、摄像机等设备，拍摄灾区的高清图像、灾区及周边区域的图像、有关生命线和通信线路的实时图像，可以让指挥中心人员全面了解灾区信息，及时对受灾面积、范围、灾情和交通情况做出合理判断。

例如，2008年初的中国南方暴雪冰灾、2008年的四川汶川"5·12"大地震、2012年北京"7·21"特大暴雨、2014年的印尼大海啸、2018年的菲律宾中部特大泥石流、2021年的郑州"7·20"特大暴雨等自然灾害；2011年"7·23"甬温线铁路重大交通事故、2015年"8·12"天津滨海新区危险品大爆炸、2019年"3·21"江苏盐城响水化工厂大爆炸等生产安全事故，均存在"信息真空""信息孤岛"现象。大灾巨灾发生后，现场信息传输不及时、信息共享不通畅甚至长时期中断，对救援指挥极为不利。应急遥感系统可以快速或全天候地提供受灾区域的灾情信息，包括现场构筑物与工程设施受损情况、周边交通条件、受灾民众安置、水源地分布等，以便为救灾力量的合理部署、优化调度等制订科学的救灾方案，实现科学救援决策与指挥调度。例如，2021年台风"烟花"登陆，利用高分卫星监测河南省新乡市及周边水体变化情况，如图7-4所示。

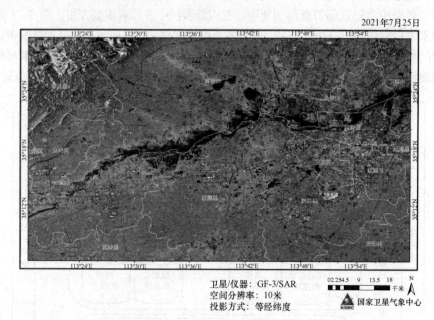

图7-4　高分卫星监测河南省新乡市及周边区域（2021年7月25日7时）

2. 灾害过程与趋势监测

灾害不同，监测方式各异。例如，洪水、火灾等过程持续性灾害，可以应用周期性监测数据进行灾害发展态势的分析；边坡地质灾害高易发区，可以通过周期性形变和形态监测，结合地震与强降雨条件，进行危险性分析；缓发性沉降、塌陷等地质灾害，可以通过动态监测关注一定时期内灾害的演化过程；灾害发生后，灾区和周边区域的建筑物、土地、水体、人居等都可能遭受破坏与污染侵害，同样需要全天候地、连续地、实时地进行监测。

针对灾害发展态势，灾害危险性监测可以提供及时的分析报告，强力支撑应急指挥的科学决策。如在"8·12"天津滨海新区危险品大爆炸后，载有各类气体探测仪器的无人机多次进行空气检测、水质检测，及时报告各个区域的测试结果。图7-5为"8·12"天津滨海新区危险品大爆炸卫星影像，图中两幅图片相隔3 h，可以看到气体的运移方向。另外，还有很多现场指标也需要进行遥感监测，如固体废物检测、生物检测、噪声和振动检测、电磁辐射检测、放射性检测、热检测、光检测、卫生防疫检测等，其所致灾害对人类可能是致命的。

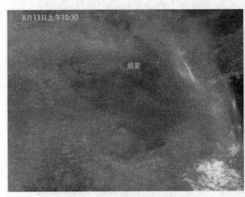 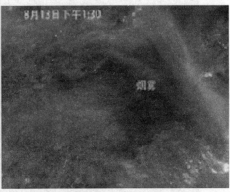

(a) 8月13日 10:30 图像　　　　　　　　(b) 8月13日 13:30 图像

图7-5　"8·12"天津滨海新区危险品大爆炸卫星影像

"8·12"天津滨海新区危险品大爆炸事故灾害后，卫星遥感图像为灾害应急救援提供了第一手资料。从遥感影像图可以看到，爆炸引起的烟雾在逐渐弥散，范围逐渐扩大，污染物的扩散方向是由西向东，再往东南向扩散，为事故灾情、民众生活影响与环境破坏评估等提供判断依据。

3. 公共安全管理

公共安全管理是一个国家管理能力的集中体现，也是国家维护安定团结的重要措施，高效和有序的管理需要及时掌握整体情况和发展趋势信息。利用遥感技术的高质量、高清晰度、多层次、高重访周期等优势，通过对高分辨率遥感影像的分析，判断公共安全态势和发展动态，提升管理决策人员快速判断、精准处置的应急管理能力。

例如，利用应急遥感监测辅助交管部门对区域性高速公路交通拥堵的车辆分流、重大交通事故的救援指挥、偏远地区多发事故路段的诊断等公共交通安全问题进行应急处置；采用专业遥感手段帮助消防部门对火灾易发地区的周边天然水域的水情（水深、水面大小）进行监测、对高层建筑分布进行监测、对救援车辆行动路线通达程度监测、对边防线的移动目标进行监测和轨迹分析等。利用公共安全应急遥感系统，结合大数据、云计算、物联网、人工智能、移动通信等信息技术，提高监测精度，扩大监测范围，实现由"人防"到"技防"的跃变，更好地落实公共安全管理。

4. 辅助决策与规划

通过航空和航天遥感数据，结合建筑物和工程设施情况，估算直接震害损失，确定间接经济损失，核定主要灾情。通过灾后遥感分析，获取道路可达性、次生灾害（地质灾害、堰塞湖等）实时监测情况，为物资与救援力量调配提供重要决策依据。灾前平时状态，通过 RS 手段，对历史灾害背景数据、承灾体分布情况、灾害孕灾环境情况进行综合分析，辅助防灾减灾规划，如图 7-6 所示。灾后恢复阶段，可通过遥感数据获取设施、建筑规划选址的安全信息，结合灾后重建进度，严格实施用地类型监测，同时可为重建后区域应急预案体系的构建提供基本参考。

图 7-6 森林火灾遥感评估区划

7.3 应急地理信息系统

应急地理信息系统（geographic information system，GIS）是由计算机硬件、软件和不同的数据分析方法组成的系统，支持空间数据的采集、管理、处理、分析、建模和显示，以便解决应急管理中的防灾规划等复杂的空间数据分析和管理问题。空间数据通常为图形数据或图像数据，用来记录物体的位置、形态、大小、分布特征等各方面的信息，是对世界中存在的具有定位意义的事物和现象的定量描述。空间数据是一个十分泛化的概念，上至太空、下至海洋和地球深处的带有位置信息的数据都属于空间数据。地理信息系统对空间数据进行处理后，以符号化形式通过地图和屏幕呈现，实现信息的可视化。

地理信息系统广泛应用于国土、海洋、地质、资源、能源领域，特别是在防灾减灾与事故灾害、应急等领域，更是应急管理防治体系与能力现代化建设的重要基础支撑技术。其中，应急地理信息系统是指在针对突发性事件的预防与准备、监测与预警、响应与决策、恢复与重建过程中，对有关人员、建筑、设施资源、环境等实体和事件信息进行采集、转换、管理、分析、建模与预测分析的地理信息系统，广泛应用在灾害背景条件与风险分析、灾害演化过程刻画与损失评估、资源调配与指挥调度等领域。结合当前防灾减灾、抗灾救灾背景，应急地理信息系统实质将应急管理组织机构、运行机制按相应预案、法规进行有效融合统一，故其需要涵盖应急管理全过程、全方位、全灾种的处置要求与应对管理流程。

7.3.1 应急地理信息系统的组成

应急地理信息系统作为地理信息系统在应急领域的综合应用，其组成和一般 GIS 一致。从系统论和应用的角度出发，应急地理信息系统可分为五个子系统，即硬件设备、软件系统、空间数据库系统、数据库管理系统及应用人员和组织机构，如图 7-7 所示。

（1）硬件设备：硬件设备是地理信息系统采集、处理、分析应用等功能承载的基础，主要包括计算机、打印机、绘图仪、数字化仪、扫描仪等硬件系统。

（2）软件系统：软件系统是地理信息系统进行开发、应用的各类软件统称，主要包括计算机操作系统、GIS 系统及其他相关软件系统。

（3）空间数据库系统：地理信息系统主要功能是对空间数据进行分析、处理和显示，因此需要对空间数据进行存储，需要建立空间数据库，包括几何（图形）数据库和属性数据库。通常情况下可通过 GIS 空间数据库将几何和属性数据库合二为一，进行数据组织和管理。空间数据库是某区域内关于一定空间要素特征的数据集合，是 GIS 在物理介质上存储的与应用相关的空间数据总和，一般以若干特定结构的文件形式组织在存储介质上。

（4）数据库管理系统：是对空间数据库进行数据的输入、处理、管理、分析和输出的软件系统，是地理信息系统的核心部分。

（5）应用人员和组织机构：由于地理信息系统的复杂性和敏感性，需要成立专门的组织机构进行运作与管理，需要专门的人才进行操作和维护，因此组织机构和人员也是地理信息系统的有机组成部分。

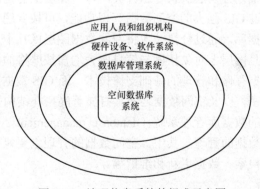

图 7-7　地理信息系统的组成示意图

7.3.2 应急地理信息系统的功能

面向应急管理服务的应急地理信息系统涵盖应急管理的各个环节和应用过程，其对人员、建筑、设施资源、环境等实体信息与事件信息的操作处理，通常包含空间或地理信息基础功能与高级分析处理功能。其中，基本功能包括对灾区数据的采集、管理、处理、分

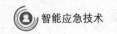

析和输出等。在此基础上，利用空间分析技术、模型分析技术、大数据技术和数据库集成技术等，实现更高级的应急管理服务功能，满足应急管理需要。

从总体上看，地理信息系统的功能可分为：数据采集与编辑、数据处理与转换、数据存储与管理、空间查询与分析、图形符号化与可视化等。

1. 数据采集与编辑

数据采集与编辑是 GIS 的基本功能，对于面向应急管理的 GIS，主要用于获取灾区各类空间数据，通过按一定数字化标准对空间数据进行统一编辑处理，如数据数字化、缺失数据的补齐、冗余数据的删除等，保证地理信息系统数据库中的数据在内容与空间上的完整性、数值逻辑的一致性与正确性等。

2. 数据处理与转换

对数据的存储管理是建立地理信息系统空间数据库的关键步骤，涉及对空间数据和属性数据的组织。

基础数据处理主要包括数据格式化、转换和综合。其中，数据的格式化是指将不同数据结构的数据按一定标准进行变换，包括坐标系的一致性转换、多源数据的集成变换等；数据转换包括数据格式的一致性转换、数据比例尺的变换等，其中数据比例尺的变换涉及比例尺缩放、平移、旋转等基础内容及投影变换。

3. 数据存储与管理

大多数 GIS 中采用了分幅分层逻辑，按一定规范进行空间数据存储管理。即根据地图的需求与特征，把一定范围内空间数据分成若干层（如道路层、水系层、公共设施层等）进行管理与叠加显示。在具体使用中数据处理只涉及目标图层而非整幅地图，因而能够对应急服务要求做出快速反应。例如，灾区需要的面积、人口及分布、地质构造、救灾资源分布等，与应急救灾关系密切的专项数据均可按图层进行管理。

按专业含义由粗到细划分为层次状专题分类，每一图层上的空间对象归属于某一专题类，称为专题图层。通过 GIS 强大的空间数据管理功能，可按专题分类将各部门所需的地图合理地组织为空间数据库，通过分幅技术将专题数据图层以几十乃至上百网格分幅数据进行高效存储与读取，且图层上对象精度与信息取舍均需按严格的分类标准执行。

数据库技术是对数据存储和管理的基础支撑技术，而 GIS 数据库具有数据量大、空间数据和属性数据联系紧密，以及空间数据之间具有显著的拓扑结构等特点。因此 GIS 数据库除了与属性数据有关的数据库管理系统（database management system，DBMS）功能之外，还需要具备对空间数据的管理。其中，空间数据的管理主要包括空间数据库的定义、数据访问和提取、空间检索、数据更新和维护等。

4. 空间查询与分析

地理空间数据的查询与分析是 GIS 最重要、最基础的功能之一，也是 GIS 得以广泛应用的重要原因之一。空间数据的查询与分析功能在突发性事故、灾害的预防与准备、监测与预警、响应与决策、恢复与重建的全过程中都有应用，用户可以从已知的地理数据中得出隐含的重要结论，对于防灾减灾和应急管理决策具有重要意义。

空间查询是地理信息系统及许多其他自动化地理数据处理系统应具备的最基本的分析功能，通过给出一定的条件将满足要求的空间对象筛选出来，将其空间位置绘制在地图上，并列出它们的相关属性等。空间查询具有支持综合图形与属性的多种查询能力，支持由图查图、由图查文和由文查图，并给出查询结果图和有关数据描述。例如，公共安全领域开发的警用地理信息系统（police GIS，PGIS），通常具备强大的查询统计功能，如图7-8所示。

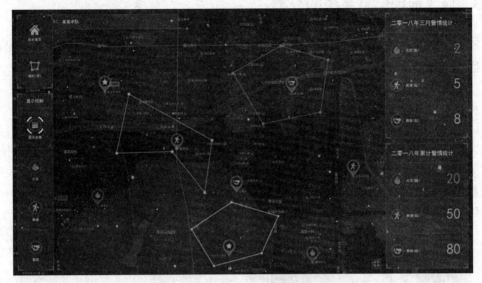

图7-8 PGIS示意图

空间分析是地理信息系统的核心功能，也是地理信息系统与其他计算机系统的根本区别所在。它以空间数据和属性数据为基础，回答真实地理客观世界的有关问题。在应急地理信息系统中，应用空间分析模型对空间数据分布规律、灾害现象过程演化、事故灾害影响分析等进行空间分布、潜在信息挖掘分析，如拓扑分析、方位分析、度量分析、叠置分析、模型演化与混合分析、设施布局优化、邻近度分析、栅格分析和地形分析等，均可解决现实世界中与空间相关的问题，这是地理信息系统应用深化的重要标志。在灾害预防和应急救援中，通过空间分析可以预测灾害动态发展趋势，为救援指挥与资源调度工作提供方案指导和辅助决策。

5. 图形符号化与可视化

应急GIS在有效地存储、管理、查询和操作地理数据基础上，通过符号化、可视化将数据或经过深加工的地理信息以二维平面地图甚至三维立体地图的形式呈现在用户面前，用户可以很方便地通过图形认识地理空间实体和现象及其相互关系。在应急GIS中，地图是应急救援指挥管理与决策中的基础图件，图件质量直接决定应急管理效率与精度。GIS能根据用户的要求，通过对数据的提取和分析，以图形或统计图表的方式给出可视化的结果。当GIS数据以直观的符号描绘在地图上时，地物隐含的信息就变得容易理解和解释；同时，应急GIS提供了一种良好的、交互式的制图环境，以便地理信息系统的使用者能够设计和制作出高质量的地图。

应急地图制作是将用户查询的结果或是应急数据分析的结果，以文本、图形、多媒体、虚拟现实等形式输出，既可以在计算机屏幕上显示，也可以通过绘图仪输出纸介质地图。在防灾减灾、抗灾救灾和应急救援实际应用过程中，需要用到应急GIS中的数据校正、编辑、图形修饰、误差消除、坐标变换和出版印刷等工具软件,以满足高质量图件的精度要求。

7.3.3 应急地理信息系统的分类

面向应急管理的地理信息系统,需要根据监测对象或灾害种类和受灾区域大小加以区分,因此地理信息系统有不同的分类原则。

(1)按照监测范围大小,地理信息系统可分为全球范围、区域范围和局部范围三种,每一种尺度都可以根据实际需要选用不同的比例尺和分辨率。

(2)按照空间数据的维数,可分为2维、2.5维、3维等空间数据。如果再考虑时间的变化,那么将成为4维地理信息系统。所谓4维图像,是随时间变化的3维动态场景图像,可以刻画、还原不同时间的场景,对于基于情景构建的应急救援指挥管理领域的相关研究意义重大。图7-9是从GIS软件中截取的两幅云图,一张是一月份的云图情况,另一张是四月份的云图情况,通过对比,能够感受到不同时间的云图变化。

图7-9 两幅动态云图图像

(3)按照地理空间数据模型或数据结构,GIS可分为地理相关模型、地理关系模型和面向对象模型的地理信息系统。

(4)按照内容来分,GIS可以分为专题地理信息系统、综合地理信息系统和地理信息系统工具。面向应急管理的GIS是兼有专题GIS和综合GIS的特点,需要根据具体要求、需求加以选择。其中,专题地理信息系统(thematic GIS)是指具有有限目标和专业特点的地理信息系统,为特定的专题开展地理信息分析处理服务;区域地理信息系统(regional GIS),主要以区域综合研究和全面的信息服务为目标,可以按国家级、地区或省级、市级和县级等为各不同级别行政区构建不同尺度的区域信息系统,或者按自然分区和流域为单位的区域信息系统。然而,实际中仍存在介于二者之间的区域性专题信息系统,如国家地震带区划地理信息系统、北京市水土流失信息系统、海南岛土地评价信息系统、河南省冬小麦估产信息系统等。

7.3.4 应急地理信息系统的主要特点

面向应急管理的地理信息系统具有以下特点。

(1) 公共的地理定位服务。应急地理信息系统需要面向社会提供标准公共定位服务，因此需要采用标准的、大众认可的地理坐标系，作为地理信息系统进行地理位置确认的基础。这些坐标系包括国际通用的经纬度坐标系统及适用于我国地域范围的地理坐标系统，如北京54坐标系、西安80坐标系和CGCS2000国家大地坐标系等。

(2) 地理空间数据整合与转换处理。在应急GIS中，信息处理与分析应用事关民众生命和财产安全问题，因此需要多方面的信息资料，以确保救援指挥与辅助决策的质量和效率。因而，需要采集受灾面积、灾区人口数量及其分布、地质构造、建筑物抗震强度、重要工业企业和学校、医院、国防等信息，还需要灾害种类、灾害背景、针对性应急预案、志愿救援队情况、交通路线和桥梁设施、电信基础设施等不同行业和领域的专业数据。应急救援指挥管理往往涉及多学科和门类，是系统性专门工程，需将不同类型、来源、时间、精度的信息都进行整合、转换、分析、管理，形成标准空间数据格式，以地图或可视化方式展示。

(3) 空间综合分析和动态预测能力。应急地理信息系统包含若干基础数据和灾害数据分析模型。通常，该类模型结合专业工作者的经验积累与研究成果，综合数学、计算机科学、物理学、遥感学等多个学科理论基础而形成，通过空间分析与数据查询管理功能，具有极强的空间综合分析和动态预测能力。因此，应急地理信息系统能够对未来趋势发展有一个合理的判断，为应急救援指挥者提供合理的决策依据。

(4) 灾害情景模拟与建模分析能力。应急GIS系统在灾害发生时为决策者提供灾区相关空间数据信息、灾情评估数据、救援管理资源布局情况等，便于救援的指挥调度。在平时演练过程中，GIS系统能够模拟灾害场景，分析灾区灾害风险，演练应急救援流程，增强救援处置实战能力。因此应急GIS需要与虚拟现实技术、模拟仿真技术、3维可视化分析技术等空间数据分析技术结合在一起，融合在一起，形成一个集成化程度高、智能化水平高的应急管理系统。

7.3.5 应急地理信息系统的应用

近年来，应急地理信息系统在各行业应用发展迅速，应用领域涉及公共安全、水利电力、公共设施管理、城市防灾规划、灾害基本情况调查、灾区环境评估、应急管理、灾害预测、应急通信、应急交通、应急物流、紧急避灾场所规划等多个领域。考虑到突发性事故、灾害的预防与准备、监测与预警、响应与决策、恢复与重建等应急管理全过程的需求，应急管理信息系统的应用主要从以下几个方面进行说明。

1. 区域防灾规划

我国的城镇化程度越来越高，在建设之初就需要做好防灾减灾和应急管理的规划。按照我国《防震减灾法》的规定，城市规划要进行防灾减灾、应急救援和应急管理等方面的规划。通常，防灾规划需结合历史灾害数据，按洪涝、地震、地质、火灾、台风等不同灾害的设防水准信息,按人口、设施、经济、环境、资源等承灾体分布与结构数据,以及防灾减灾力量投入等情况,进行灾害风险评估和防灾减灾设施规划等,以提升区域韧性与应急管理水平,优化防灾减灾结构。图7-10是某市防灾减灾规划图。

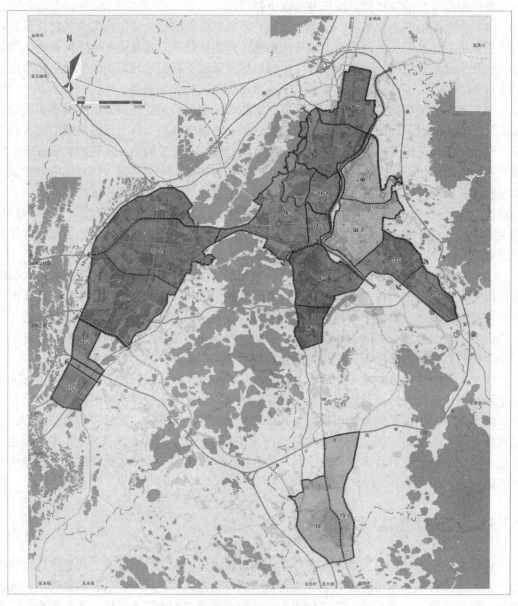

图7-10 某市防灾减灾规划图

2. 应急设施布局优化

在防灾减灾与应急管理过程中所涉及的公用设施、物资资源的合理布局与储备配置,将极大地确保灾后有限资源的最大化利用。基于区域防灾规划成果与需求概况，进行应急物资储备、粮食供应储备、电力设备等设施的优化布局，将极大地提升灾后有效承担应急功能的保障水平。消防救援设施与区域防灾场所设施选址布局，同样考虑需求规模、环境安全性、建设成本、交通条件、地形地貌等不同适宜性条件指标，需结合缓冲区、叠置、网络等多种空间分析功能加以实现。图7-11是深圳市一处避难场所示意图。

图7-11　深圳市一处避难场所示意图

3. 灾情快速评估

灾情快速评估是衡量应急救援响应效率与应急管理能力的主要指标。灾情评估是在灾前人口、道路、经济、设施、风土民情、重点目标等基础数据，地形、地貌、水系、气象等环节背景数据及构造、历史灾害等灾害专题数据的区域性空间专题数据库基础上，以演练触发、输入触发或监测数据触发的形式构建灾害场景，按照既定的灾害损失评估模型，进行灾害规模、可能造成的经济损失和人员伤亡进行预评估并给出评估报告。此外，根据现场或实时监测数据反馈，及时修订模型输入强度与区域范围，重新进行灾害损失数据修订，可以提高灾情评估的准确性。

4. 面向应急服务的基础设施管理和生命线分析

在应急管理实践中，具有防灾减灾功能的区域公共基础设施建设，如通信基站、电力设施、交通设施、供水设备、天然气管线等，通常是应急管理职能顺利实施的必不可少的步骤。利用 GIS 进行应急基础设施规划、运行状态监测与管理，可以大大提高建设工作效率。通过 GIS 的空间数据分析功能，建立电力网络、天然气管线网络、供水网络、交通网络、地下管线网络等生命线工程的计算机网络分析模型，研究电力供应、交通流量、供水调度、燃气供应、通信基站设置等应急服务应用。一旦发生事故，应急、消防、医院、交警、警察等公务人员可以快速进入应急角色。同时，应急 GIS 还可以优化交通路线，疏导车辆，快速建立通信中继等，最大限度地保障救灾指挥与抢险救灾的实时性与可靠性。

5. 应急处置响应

灾害事故在发生或孕育过程中，监测预警系统在监测到异常值后确定启动相应等级和相应灾害类型的应急响应，值守机构将灾害基本信息进行 GIS 系统定位，启动预评估系统获取预评估报告，然后通知决策者和专家队伍，使其处于应急或到岗状态。经决策者核定判断后启动应急预案，调配区内或区域物资、救援队伍与救援设施到达现场，并进行处置救援，将后续处置结果及时入库与反馈。公共安全应急 GIS 决策流程图如图7-12所示。其中，应急物资配送是灾害发生后开展应急响应与救援指挥的关键内容。灾后灾区急缺的应急物资需要通过应急物流进行配送,而应急物流的路线选择与优化、应急物资的合理运载工具选择、应急物资的保存场所与初步管理等,都需要利用应急GIS进行空间数据分析,选择最优路径和最佳交通工具,保证应急救援物资配送的时效性。

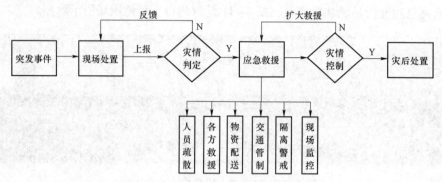

图7-12 公共安全应急GIS决策流程图

7.4 全球定位系统

全球定位系统是一种以人造地球卫星为组网平台的高精度无线电导航的定位系统,可为全球任何地方和近地空间提供准确的地理位置、车行速度及精确的时间信息,如图7-13所示。GPS自问世以来,就以其高精度、全天候、全球覆盖、方便灵活的优势吸引了众多用户。GPS不仅可以为救援和物资运输车辆提供实时导航,而且可以为应急物流管理提供基础保障条件。同时还可以为应急设施、地表地物提供实时定位,成为地表形变研究和建筑变形研究的基础监测手段。

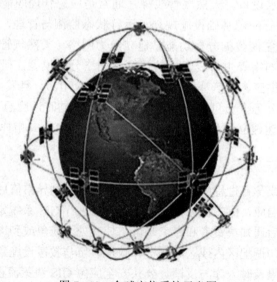

图7-13 全球定位系统示意图

GPS 主要利用轨道卫星为人们提供规定范围内的定位服务，可以准确定位到地面 1 m 以内，军用定位系统信号可达到 cm 级，并能够计算出行进速度和具体的运行轨迹。当前，世界上主要的全球定位系统有美国的 GPS、俄罗斯的格洛纳斯导航卫星系统（GLONASS）、欧盟的伽利略导航卫星系统（Galileo navigation satellite system，Galileo）和中国的北斗导航卫星系统（BeiDou navigation satellite system，BDS）。

7.4.1 全球定位系统的组成与工作原理

全球定位系统是一种基于卫星信号传输的无线电导航系统，由空间部分、地面控制系统和用户接收设备三个部分组成。其中空间部分包括若干颗工作卫星和备用卫星，按照一定高度和角度分布在固定轨道面上，使得地面物体可以同时被多颗卫星监测到；地面控制系统主要由一个主控站、多个注入站和多个监测站组成；用户接收设备主要接收来自空间卫星发射的无线信号，经过信号变换、放大、调整等处理，完成定位、导航、跟踪、测绘和定时工作，以得到必要的导航和定位信息。

全球定位系统的工作原理是由地面主控站收集各监测站的观测资料和气象信息，计算各卫星的星历表及卫星钟改正数，按规定的格式编辑导航电文，通过地面注入站向 GPS 卫星注入这些信息。测量定位时，用户可以利用接收机的储存星历得到各个卫星的粗略位置，并根据这些数据和自身位置，由计算机选择卫星与用户联线之间张角较大的 4 颗卫星作为观测对象。这里之所以用到 4 颗卫星，是因为在 3 维空间中，3 个距离数据可确定一个点的位置，但在求解时，还需要消除接收机钟差改正数、大气影响、多径效应等误差。观测时，使用接收机利用码发生器生成的信息与卫星接收的信号进行相关处理，并根据导航电文的时间标和子帧计数测量用户和卫星之间的伪距。然后将修正后的伪距及输入的初始数据和 4 颗卫星的观测值列出 3 个观测方程式，即可求解出接收机的位置，并转换到所需要的坐标系统，从而达到定位目的，如图 7-14 所示。

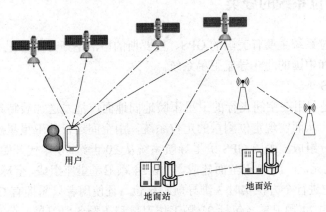

图 7-14 GPS 组成与工作原理图

根据载波 GPS 基准站发送信息的方式，可将 GPS 定位分为三种，即位置差分方式、伪距差分方式和载波相位差分方式。这三种差分方式的工作原理基本是相同的，都是由基准站发送改正数，由用户设备接收并对其测量结果进行改正，以获得精确的定位信息。所不同的是，发送改正数的具体内容不一样，其差分定位精度也不同。

1. 位置差分方式

位置差分方式是一种比较简单的差分方法，任何一种 GPS 接收机均可改装和组成这种差分系统。其原理是，在基准站和用户站观测同一组卫星时，安装在基准站上的 GPS 接收机观测 4 颗卫星后便可进行 3 维定位，求解出基准站的坐标。但是，因为存在轨道误差、时钟误差、SA 影响、大气影响、多径效应和其他误差等因素，所以解算出的坐标与基准站的已知坐标存在误差。基准站利用数据链将此改正数据发送出去，由用户站接收并对解算的用户站坐标进行校正，最后得到的用户坐标已经消去了卫星轨道误差、SA 影响、大气影响等基准站和用户站的共同误差，提高了定位精度。

2. 伪距差分方式

伪距差分是目前应用最广的一种差分技术，几乎所有的商用差分 GPS 接收机都采用这种技术。基准站的接收机需要计算基准站到可见卫星的距离，并将此距离与含有误差的测量值进行比较，利用一个 α-β 滤波器将此差值滤波并求出其偏差。然后将所有可见卫星的测距误差传输给用户，使其改正测量的伪距。最后，用户利用改正后的伪距来求解出本身的位置，以消去公共误差，提高定位精度。伪距差分技术可以将基准站和用户端的公共误差抵消，但随用户端到基准站距离的变化又将导致差分方法难以消除的系统误差，因此用户和基准站之间的距离对精度有决定性影响。

3. 载波相位差分方式

载波相位差分技术又称为 RTK 技术（real-time kinematic），能够实时处理两个测量站载波相位观测量的差分，将基准站采集的载波相位发送给用户接收机，进行求差计算坐标。通常，RTK 技术能实时提供观测点的 3 维坐标，并达到 cm 级的高精度，成为当前常用的卫星定位方法。RTK 技术是 GPS 应用的重大里程碑，它的出现为工程放样、地形测图、各种控制测量等应用带来了新的测量方法，极大地提高了作业效率。

7.4.2 全球定位系统的分类

目前全球定位系统主要有美国的 GPS、俄罗斯的格洛纳斯导航卫星系统、欧盟的伽利略导航卫星系统和中国的北斗导航卫星系统。

1. 美国 GPS

美国 GPS 是利用在空间飞行的卫星不断地向地面广播发送加载特殊定位信息的特定频段无线电信号，从而实现定位测量的定位系统，由空间运行的卫星星座、地面控制系统和用户系统三部分组成。美国 GPS 卫星导航系统从 20 世纪 70 年代开始研制，历时 20 余年，耗资 200 亿美元，于 1994 年全面建成。它由 24 颗卫星星座组成，全球覆盖率高达 98%，能够在海、陆、空进行全方位实时 3 维导航与定位，且使用者只需拥有 GPS 终端机即可使用定位服务。其中 24 颗卫星（包括 21 颗工作卫星和 3 颗备用卫星）分布在 6 个等间距的轨道平面上，轨道面相对赤道的夹角为 55°，每个轨道面上有 4 颗卫星在同时工作，卫星的轨道接近圆形，轨道高度为 20 183.6 km，周期约 12 h。

美国 GPS 所发射的信号编码有精码与粗码两种格式，前者是保密的，主要提供给美国及其盟国的军事用户使用，后者提供给美国民用和其他国家使用，这也使得美国 GPS 信号分为民用的标准定位服务（standard positioning service，SPS）和军用的精确定位服务（precise positioning service，PPS）两类。其中，军用精确定位服务的精度可达到 1 m，而民用标准定位服务的定位精度达到 10 m 左右。美国 GPS 能够连续、适时和隐蔽地定位，一次定位时间仅几秒到十几秒，用户不发射任何电磁信号，只要接受卫星导航信号即可定位，可全天候昼夜作业，隐蔽性好。随着 GPS 技术不断改进，软硬件的不断完善，应用领域正在不断地开拓，已遍及国民经济各个部门，尤其在防灾减灾、工程形变测量、救援与应急任务车辆导航等领域表现出显著优势。

2. 俄罗斯格洛纳斯导航卫星系统

GLONASS 是 global navigation satellite system 的英文缩写，最早开发于苏联时期，后由俄罗斯继续该计划。该系统启动于 20 世纪 70 年代，只要 18 颗卫星就能保证为俄罗斯境内用户提供全部服务。目前 GLONASS 由 31 颗卫星组成，其中 24 颗卫星正常工作，有 3 颗卫星备用，3 颗在维修中，还有 1 颗在测试中。倘若完成全部卫星部署后，其卫星导航范围可覆盖整个地球表面和近地空间，其定位精度可达到 1.5 m 之内。俄罗斯 GLONASS 卫星外观如图 7-15 所示。

图 7-15　俄罗斯 GLONASS 卫星

1993 年俄罗斯开始独自建立本国的卫星导航系统，2007 年开始提供服务，但只开放俄罗斯境内卫星定位和导航服务，之后在 2009 年将服务范围拓展到全球。GLONASS 主要服务内容包括确定陆地、海上和空中目标的坐标及运行速度等信息。相比于美国 GPS，GLONASS 具有以下特点。

（1）卫星发射频率不同。美国 GPS 的卫星信号采用码分多址体制，每颗卫星的信号频率和调制方式相同，不同卫星的信号靠不同的伪码区分。而 GLONASS 采用频分多址体制，卫星靠频率不同来区分，每组频率的伪随机码相同。由于每颗卫星发射的载波频率不同，GLONASS 具有更强的抗干扰能力。

（2）坐标系不同。美国 GPS 使用 WGS-84 世界大地坐标系，而 GLONASS 使用 PE-90 地心坐标系。

（3）时间标准不同。美国 GPS 标准时与世界协调时相关联，而 GLONASS 则与莫斯科标准时相关联。

3. 欧盟伽利略导航卫星系统

伽利略导航卫星系统是由欧盟研制和建立的全球卫星导航定位系统，在 2008 年建成并开始投入运行。Galileo 由轨道高度为 23 616 km 的 30 颗卫星（其中 27 颗工作卫星，3 颗为备份卫星）和 2 个地面控制中心组成，卫星位于 3 个倾角为 56°的轨道平面内。伽利略导航卫星如图 7-16 所示。

伽利略导航卫星系统的特点如下。

（1）欧盟 Galileo 是世界上第一个民用全球卫星导航定位系统。投入运行后，全球的用户能够使用多制式的接收机，获得更多的导航定位卫星的信号，将有助于提高导航定位的精度。

（2）欧盟 Galileo 可提供高精度、高可靠性的定位服务，实现完全非军方控制和管理，可覆盖全球的导航和定位功能。欧盟 Galileo 还能够和美国的 GPS、俄罗斯的 GLONASS 实现多系统之间的相互合作，任何用户都可以用一个多系统接收机接收各个系统的数据或各系统数据的组合来实现定位导航的要求。

图 7-16　伽利略导航卫星示意图

（3）欧盟 Galileo 可以发送实时的高精度定位信息，保证在许多特殊情况下提供定位服务。相比于美国的 GPS，欧盟 Galileo 可向非欧盟国家提供更高精度、更为可靠的卫星信号，Galileo 能发现地面 1 m 长的目标。

4. 中国北斗导航卫星系统

中国北斗导航卫星系统是中国自主研制的全球卫星导航系统，是继美国 GPS、俄罗斯 GLONASS 之后的成熟的全球卫星导航系统。北斗导航卫星系统和美国 GPS、俄罗斯 GLONASS、欧盟 Galileo 一样，已成为联合国卫星导航委员会认定的 4 个导航卫星系统供应商。

BDS 可在全球范围内全天候、不间断地为各类用户提供高精度、高可靠定位、导航和授时服务，并且具备短报文通信能力，定位精度达到 dm、cm 级别，测速精度为 0.2 m/s，授时精度 10 ns。BDS 的基本性能指标见表 7-1，卫星外观如图 7-17 所示。

表 7-1 北斗导航卫星系统基本性能指标

服务区域	全球
定位精度	水平 10 m、高程 10 m（95%）
测速精度	0.2 m/s（95%）
授时精度	20 ns（95%）
服务可用性	优于 95%，在亚太地区，定位精度水平 5 m、高程 5 m（95%）

BDS 主要由空间系统、地面系统和用户端三部分组成。其中，空间系统由若干地球静止轨道卫星、倾斜地球同步轨道卫星和中圆地球轨道卫星组成；地面系统由主控站、时间同步/注入站和监测站等若干地面站，以及星间链路运行管理设施构成。

随着北斗导航卫星系统建设的完善和服务能力的提高，已经在交通运输、海洋渔业、水文监测、气象预报、地理测绘、森林防火、通信系统、电力调度、防灾救灾、应急搜救等领域得到广泛应用。

图 7-17 中国北斗导航卫星

世界上多套全球导航定位系统的并存，相互之间的制约和互补将是各国大力发展全球导航定位产业的根本保证，多家竞争将使用户得到更稳定的信号和更优质的服务。

7.4.3 全球定位系统在应急领域的应用

全球定位系统在国民经济发展的各方面得到应用，如测量、军事、农业、渔业、航海等，尤其在防灾减灾、抗灾救灾和应急管理领域的应用中更凸显出显著优势。

1. 在突发事件中的应用

从应急管理角度看，对突发事件的反应时间长短，在某种程度上影响事件响应效率与处置效果，因此在医疗、火警、交通事故等应急领域的快速反应，GPS 应用起到了重要作用。在应急响应处置管理中,突发事件救助系统主要包括以下几项。

(1)车载部分。依托车载 GPS 终端设备,通过专业软件处理以获得地理坐标。

(2)通信系统。事件发生后,驾驶人员启动求助系统,采用双通道蜂窝通信网,汇报伤害程度并请求帮助种类(报警、医疗等)等。

(3)处理中心。接收用户信号后,在 GIS 辅助下,迅速对事发地点进行查询、定位,并根据用户提供的求助信息类别,确定相应的急救措施。

GIS 包括数字化的地图和属性信息,可以在数字地图上对突发事件快速定位,查询周边信息,优化救援路线;GPS 则可以将急救车辆的点位、路线等信息及时反馈到主控中心,以便调度。

2. 救灾减灾应用

基于北斗系统的导航、定位、短报文通信等功能,BDS 可以提供实时救灾指挥调度、应急通信、灾情信息快速上报与共享等服务,显著提高了灾害应急救援的快速反应能力和决策能力。此外,可利用 GPS 监测灾害发生、天气情况等现象,建立各类天气变化的预测模型,对灾害发生时进行数据分析,预测灾区未来一段时间内的天气演化规律,以利于应急救援工作的开展。

3. 应急交通应用

地面车辆导航系统的两个主要任务是对当前位置的定位和对目标物的定位,前者需要利用 GPS 获取点位信息,后者则偏重于以数字地图为基础,确定目标物的点位置。在紧急事故发生后,应急车辆在城市交通中需要优化行驶路线,借助 GPS 服务可以实现最佳路线选择。应急物流配送是灾区民众的物资保障,在路线选择方面更需要 GPS 助力,以保证行进路线的最优化、到达目的地时间的最短化。

4. 公共安全方面应用

GPS 在公共安全设施配置、防卫保障等方面应用广泛,可以保证在紧急状态下快速反应和处置,以确保人员和财产的安全。在亚太经济合作组织会议、二十国集团峰会、北京冬奥会和冬残奥会等重大国际活动安保中,BDS 为全国 40 余万部警用终端设备提供位置服务,为这些重大国际活动的安全保驾护航。

5. 应急电力调度应用

电力系统是生命线工程,在国计民生中意义重大。在紧急状态下,北斗导航卫星系统可以为电力供应保证、电力预警系统、电力事故分析、电力故障排除等提供位置服务,以确保生命线工程的快速恢复。

当然,GPS 在防灾救灾和应急管理领域的应用不仅仅是上述几个方面,几乎在所有的紧急事件处置、应急救援、防灾救灾等领域都可以提供服务,在其他领域也应用广泛,已经覆盖各行各业。可以说,人们已经很难离开 GPS 提供的服务了。

7.5　3S 技术在应急管理中的应用

3S 技术整合了 RS、GPS 和 GIS 三个系统,三者互补短板、互相协助,在防灾减灾、抗灾救灾和应急管理领域,为突发公共事件的风险隐患监测防控、预测预警、信息查询、预案研判等提供服务，从而达到科学决策和指挥调度的目标。因此，智慧应急离不开 3S 技术的支持，3S 技术在应急管理的事前、事中和事后三个阶段的应用表现出不同的特点。

7.5.1 事前——预防准备与监测预警

通过有效的专业监测、预警、演练等工作，应急管理能够主动规避甚至消除风险，最大限度地减少损失。利用应急 GIS 对基础地理数据、地质数据、应急物资数据、道路交通数据等进行采集和综合分析，实现对各类地理数据的可视化管理，判定是否发出预警信息；通过虚拟 GIS 技术能够建立三维可视化场景，从而多角度、多方位地表达灾害背景状态与灾害场景；利用 RS 技术可以实时掌握灾害的动态及发展趋势，从宏观角度掌控灾害变化；通过 GPS 提供的定位服务，可以准确把握灾害发生的地点、优化救援路径，从而为及时、准确的救援提供保障。

通过使用 GIS 构建应急地理信息平台，将应急日常管理（包括应急日常值守、应急事件接报、应急专题数据维护、预案管理、应急专题图打印及应急培训与应急演练等）中的各类应急资源进行空间化，进行"上图"，为应急业务人员提供重要的可视化资源保障。

例如，某省应急体系地理信息平台囊括省级 34 个厅局部门和 10 个市区的专题数据 40 余万条，集成 GIS、RS、GPS、现代化通信和计算机技术，以多源、多尺度地理信息为基础，有效整合和展示各类专题数据，为突发事件处置提供了有力的技术支撑，如图 7–18 所示。

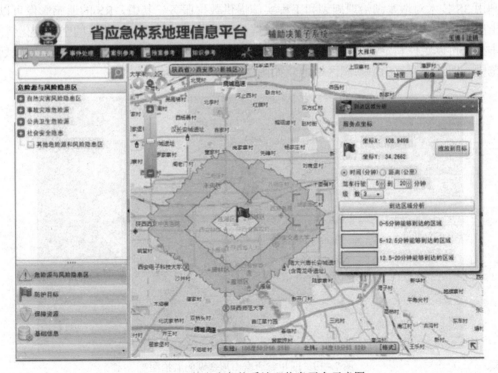

图 7–18　某省应急体系地理信息平台示意图

该省的应急地理信息平台包括辅助决策、数据维护、共享交换、运维管理及移动终端五个子系统,形成了集信息采集、应急管理、查询统计、综合分析及辅助决策等为一体的突发公共事件管理和决策系统。用户可以通过事故点、事故区域、城市、资源类型等多种方式对应急资源进行查询定位、资源详情查看等;通过该平台,应急人员结合电子地图,可以很直观地了解当前资源的分布和储备状况;利用路径模型分析功能,可以分析救援物资抵达现场的路径和时间;日常的应急资源维护,可以为灾情发生时提供重要的基础物资信息保障。

7.5.2 事中——估灾救灾与应急响应

在此阶段,结合 GPS 技术的定位功能和 RS 技术对各种灾害的动态监测功能,能够监测灾害的发生情况、受灾面积、范围及程度等,为应急救援提供灾区的基础信息资料。一旦灾害发生,通过 GIS 的空间分析功能,设定受灾半径,可以得到可能的受灾范围,以便有针对性地进行预警;利用 RS 的实时监测功能、GPS 的定位功能和交通网络分析功能,可以分析出最佳救灾路线及灾民转移路线,做出切实可行的应急指挥和物资调度。

1. 3S 技术在四川省唐家山堰塞湖治理工程中的应用

在"5·12"汶川大地震后,由于地壳的剧烈变化,在震区形成了唐家山堰塞湖。堰塞湖是由地震、火山喷发、地质灾害等地质活动引起山体岩石崩塌,堵截山谷、河谷或河床后贮水而形成的湖泊,对下游造成威胁。根据四川省对唐家山堰塞湖治理工程的要求,需要利用 3S 技术对堰塞湖治理规划和工程实施提供数据服务。其中,RS 的遥感影像可以反映出唐家山地形地貌的历史变化,GIS 的数据分析功能可以反映出该地区的空间变化情况,文本数据可以定性和定量地描述工作区情况,GPS 提供的定位服务可以准确地界定规划区域范围。四川省唐家山堰塞湖区域地貌如图 7–19 所示。

图 7–19 四川省唐家山堰塞湖的航拍图

在应用 GIS 进行空间分析时,对采集的源数据进行针对性处理是数据库建设的基础。

例如，在野外选取控制点，用 GPS 接收机测量其坐标，利用 SPOT 遥感影像软件进行校正配准，使其具有统一的空间坐标，便于在 RS 和 GIS 软件下进行分析处理；在专业遥感处理软件中，采用植被指数法计算哪里的地形有利于泄洪；根据 SPOT 遥感影像，结合 GPS 野外测点调查资料，建立遥感地理信息模型，计算归一化植被指数（normalized difference vegetation index，NDVI），并转化为有利于进行疏导的参数；结合野外考察，进行地物判读，确定遥感图像中各图斑的地物类型，提取岩石、水系等数据；收集该地区的水文气候资料，通过对工作区各村采取调查问卷的形式收集社会经济数据，并输入 Excel 表格中；扫描纸质地形图，在 ArcGIS 软件中，对其进行配准，矢量化等高线和高程点，并用 ArcGIS 的空间分析功能生成数字高程模型（digital elevation model，DEM）、坡度、坡向等栅格数据，最后形成数字化行政区划图，获取小流域内的行政边界数据。通过对源数据的处理分析，获取了该区域内更加丰富的信息，为建立地理数据库做好了充分的准备。

将 3S 技术应用于唐家山堰塞湖综合治理工程，运用 RS 快速便捷地采集实际数据，利用 GPS 进行控制点的测量，使得各种数据统一到同一坐标系中，充分运用 GIS 强大的数据处理、空间分析及可视化表达能力，制作精确的唐家山区域地图。

3S 技术能够很好地适应各种地质地貌、江河湖泊、管线管网等综合治理工作，其时效性、准确性、系统性、客观性和机动灵活的特点是传统方法无法比拟的，不仅有利于治理措施的空间化、定量化和过程化的分析，将各种措施落实到具体的地块，还克服了传统方法中成效低、进度慢、不准确、可视化程度不高等缺点。

2. 3S 技术在新冠肺炎疫情防控中的应用

近年来，特别是 2003 年非典疫情之后，GIS 技术开始广泛地应用于医疗和公共卫生领域。基于 GIS 建立了疾病防治预警系统、监控系统、疫情信息报告系统和社区防控系统等，可以对突发信息进行快速有效的采集和处理，提供应急预案，及时掌握重点传染病的流行规律，有助于提高医疗系统应急处理和反应能力。

3S 技术可以对人群流动进行高精度定点和定位，揭示疫情时空格局与空间传播规律。例如，在 2019 年底发生在湖北省武汉市的新冠肺炎疫情，通过 BDS 的定位技术可以精准地获取每天人群迁移数据，再借助 GIS 技术从不同尺度上展示疫情空间传播的过程和规律。通过对空间数据的分析，发现了武汉周边及湖北毗邻省份的人口感染上升趋势，并进一步分析疫情空间扩散的风险和主要路径，这对于政府部门和公众正确研判疫情的发展态势具有重要的实际价值。4 维的可视化动态展示为公众提供了直观的可视化数据，显得直观、形象、生动。

卫星遥感技术（RS）通过实时遥感图像进行社会活动分析、旅游活动分析等，为政府提供真实有效的信息，便于对群众进行定点疏散和管控，从而抑制疫情的蔓延。除此之外，通过遥感图像还可以为疫情期间的紧急建设场地提供生态环境监测，保障生态施工安全。在 GPS 支持下的载重无人机及物流车辆等运输工具可以对医疗物资进行精准投放，车载定位终端向联网车辆推送疫情信息、推荐行驶道路和运输服务信息。另外，定位导航系统还可以应用于应急物流行业，缓解疫情期间迅速增长的物流配送压力。

3. 3S 技术在震后应急救援中的应用

3S 技术的突出优势，使其在震后应急处置和救援方面发挥着重要作用。地震前的灾区图像数据可以通过应急遥感卫星数据库提取，震后灾区的影像数据可以利用无人机技术、卫星遥感技术等方法获取。通过灾区地震发生前、后的遥感影像图对比，可以分析和评估灾后的受灾区域损失情况，评估受灾的严重程度。使用遥感处理软件自动提取和分析灾后的受灾对象和面积，并将解译后的遥感影像成果通过 GIS 平台进行展现、分析、发布和共享。

例如，2013 年 4 月 20 日 8 时 02 分，四川省雅安市芦山县发生 7.0 级地震后，国家地震局立刻启动了"公共突发事件响应机制"，派出多名技术人员前往四川省地震局、四川省测绘局等相关单位，协助开展震后救援决策支持工作。其中一项重要工作就是协助处理震后无人机数据（宝盛乡、天平镇等），提取房屋损坏矢量信息，并协助工作人员进行余震数据提取和分析。在获得各种灾情数据以后，协助开展灾情发布应用开发、余震数据处理、地质灾害数据处理、其他基础数据叠加（行政区划、地名等）及数据整合、配图、更新、服务发布、现场照片数据处理、提取地理位置等工作，如图 7-20 所示。

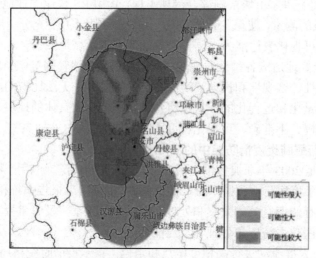

图 7-20　雅安地震灾区地质灾害预警服务示意图

2015 年 4 月 25 日，尼泊尔发生 8.1 级地震后，国家地震局协助尼泊尔国际山地综合开发中心（ICIMOD），基于在线的 ArcGIS.com 平台，快速搭建了尼泊尔地震灾害救援与重建平台。平台提供了基于 GIS 所生成的各类专题地图，包括伤亡情况分布、各类建筑物受损情况分布、次生灾害评估等。通过互联网，相关救援部门可以在第一时间了解各类震后的相关评估情况，从而有针对性、有次序、安全地参与救援，提高救援质量和效率。

7.5.3　事后——恢复重建与经验总结

应急管理的事后阶段，除了灾后的恢复与重建工作外，还有对整个应急管理的过程进行分析，总结经验，找出不足。在这个过程中，需要利用应急 GIS 生成相关的专题图，利用 GIS 的统计分析功能，对受灾人口、损害资源和经济损失等数据进行统计，对灾区受损建筑物、完好建筑物等进行分析，找出原因。通过积累的数据，为此类突发公共事件的应急管理提供案例。

例如，在完成地震灾害的救灾工作后，需要对灾区进行恢复和重建工作，这时需要利用 RS 技术的遥感图像了解当地地物的现状、损坏程度、植被覆盖情况等，作为重建规划的依据；利用 GIS 的空间数据分析功能，对灾区公路建设、水源地设置、城市建设、各种公共资源建设等进行规划，做出最优设计，以保证灾区恢复重建的顺利实施。

7.6　应急 3S 技术未来展望

目前，在美、英、日、德及我国等多个国家和地区的许多城市中，以 3S 为支撑技术建立的应急系统已经成为城市管理中一个不可或缺的组成部分，甚至成为显示城市管理水平的标志性工程。在重大自然灾害的风险评估、监测评估和突发重大公共卫生事件的应急管理中也得到了广泛应用。3S 技术在应急管理的各个阶段的应用中取得了巨大的成就，在未来的防灾减灾、抗灾救灾和应急管理中也必将发挥更大作用。

展望未来，应急 3S 技术的发展方向将在以下几个方面展开。

1. 建立空天地一体化的应急管理服务体系

3S 技术在应急管理领域的灾害监测预测系统是由航天、航空、地面观测台站网络等子系统组成，能够提供定位、定性和定量的数据综合分析服务，具有全天候、全方位监测和提供服务的能力。在防灾减灾、抗灾救灾实践中，由遥感、地理信息系统和全球定位系统组成的 3S 一体化系统发挥着巨大作用。例如，在灾害监测系统中，应用遥感资料更新其数据库，新的数学模型使得遥感影像的识别精度大大改善，不断完善的全球定位系统为遥感对地灾害观测信息提供了实时的定位信息和地面高程模型。因此对 3S 一体化进行研究，建立天地一体化的灾害监测技术体系，综合分析遥感获取的灾害信息，为防灾减灾、抗灾救灾和应急管理提供实时的基础资料。

2. 空间信息数据的标准化研究

遥感平台不一样，搭载的数据采集传感器也不同，这导致采集的影像数据在空间、时间及辐射分辨率方面出现不统一问题，栅格数据和矢量数据拥有不同的数据结构和特征，目前还没有比较好的兼容不同数据的方案。下一步需要综合栅格数据和矢量数据的优点，构建一个统一标准的、兼容不同数据格式的地理信息数据库，是应急 3S 技术未来发展的方向之一。

3. 数据精度需要提升

随着新一代卫星影像分辨率的大幅度提高，高分辨率和多时相的特征扩大了原有遥感涉及的领域，测量精度可以达到 m 级、cm 级，甚至 mm 级。在专家系统的支持下，计算机识别精度也将明显改善，可快速实时地跟踪灾害，反馈信息。现阶段 GPS 技术大多只能用于室外定位，精度也较高。而室内定位技术受到电磁波传播特性的影响还未取得突破性进展，难以满足室内高精度应用需求，如室内火灾、危险病人等救援工作要求。目前的定位信息大多为 2 维坐标信息，在起伏很大的山地区域表现欠佳，精度不高，时间延迟严重，往往不能提供精确的导航服务，这需要研究在 3 维地图基础上进行精准定位和导航服务技术。提升遥感数据和 GIS 模型的精度，有助于应急 3S 技术提供精准的灾区监测能力和救援服务质量，因此未来的研究方向应该围绕提高精确度展开。

4. 多学科的集成和整合

应急 3S 技术作为一门多学科交叉技术，不仅需要做到三者的内部集成，还需要与计算机网络、人工智能、大数据、物联网、云计算、移动网络等众多领域深度结合，提高 3S 技术的智能化水平。

3S 技术应用于应急管理在我国已经起步，在应急指挥系统表现出了最快的反应速度和最妥善的应对方法。中国先后利用 3S 技术应对 1998 年的大洪水、2003 年的 SARS 疫情大规模暴发、2004 年禽流感疫情、2008 年汶川大地震、2010 年玉树大地震、2020 年新型冠状病毒肺炎大流行、2021 年郑州"7·20"暴雨洪涝灾害等重大突发事件，为保护人民生命与财产安全、减少经济损失等发挥了重要的作用，展示了其广阔的应用前景。随着对地观测技术的发展，遥感信息获取能力的增强，GIS 软件技术对处理、分析数据功能的改善，以及各种数据资源的共享，3S 技术必将在应急管理中发挥越来越重要的作用。

思考题

1. 应急 3S 技术具体是指什么？它们各自的功能是什么？
2. 遥感技术有哪些主要特点？
3. 全球定位系统的工作原理是什么？
4. 根据突发事件的各个应急阶段，分析 3S 技术在应急救援工作中可发挥什么样的作用？
5. GIS 在防灾减灾和应急管理领域的应用有哪些？
6. 应急地理信息系统的主要功能有哪些？

思考题参考答案

第 1 章

1. 如何理解应急大数据技术?

答:随着互联网、社交媒体和人工智能技术的发展和应用普及,大数据在应急管理中发挥的作用越来越重要,应急大数据技术是应急管理未来发展的重要方向之一。大数据在政府应急管理中的应用价值主要体现在:对政府进行应急管理提供基础数据资源;拓宽应急决策者的主体构成,提高他们的数据思维能力;提升应急决策对象的反应能力;辅助应急决策者确定具体目标和制订合理方案;加强应急决策执行效果和监督应急目标的快速实现。

大数据技术与我国应急管理的总体思路和发展方向具有很强的契合度,因此发展大数据技术在我国应急管理中的应用需要站在复杂适应系统的理论高度,以提升应急管理适应能力。大数据技术在本质上是一种更高的信息能力,其核心是大数据分析,从体量大、多样化、价值密度低和动态性强的数据集中提取有价值的信息,识别社会现象之间的关联机制,发现隐藏其中的科学知识。

2. 应急大数据的主要特点有哪些?

答:(1)应急数据全面。(2)应急大数据是真实的。(3)应急数据数量级庞大。(4)应急大数据种类繁杂,表现多样。(5)应急大数据价值密度高。(6)应急大数据要求处理快速。

3. 应急大数据技术经历了哪些主要发展历程?

答:应急大数据的发展与大数据发展是一脉相承的。第一阶段是萌芽期,大概在 20 世纪最后 10 年,主要表现在数据仓库、数据挖掘技术的广泛应用,大量的数据被结构化管理,形成人们熟练使用的数据库系统。

第二阶段是成熟期,大概时间为 21 世纪前十年,主要是 Web 2.0 的广泛普及、自媒体时代。每个互联网用户,既是信息的使用者,又是信息的创造者,造成网络信息的"大爆炸"。

第三阶段是大规模应用期,从 2010 年之后开始,大数据应用开始渗透到各行各业,各国政府相继宣布自己的大数据发展战略,专门的"big data"术语被提出。大数据结合与应急管理被提了出来并快速发展。

4. 应急大数据的价值主要体现在哪些方面?

答:(1)提高政府公信力。(2)助力经济大发展。(3)充当社会稳定器。(4)成为科研主方向。

5. 应急大数据技术基础主要包括哪些内容?

答:从技术层面讲,应急大数据的技术核心仍是大数据技术。在此基础上,增加了应急所要求的数据全面、处理速度快、反应及时等特点，产生了应急大数据技术。应急大数据处理需要拥有大规模物理资源的云数据中心和具备高效的调度管理功能的云计算平台的支撑。

从数据存储技术方面上看，没有计算机的云计算技术，就不会有大数据的分析和利用。云计算的核心思想是将大量用网络连接的计算资源统一管理和调度，构成一个计算资源池向用户按需服务。包括：大数据处理架构 Hadoop，应急大数据计算框架，应急大数据存储与可视化等。

6. 如何将大数据技术应用于应急管理工作领域？

答：应急大数据技术是应急指挥的新工具，在现代应急管理中具有重要作用，尤其在应急指挥的辅助决策方面，应急大数据系统已经成为必不可少的应急管理基础配置。应急大数据在应急管理工作中可以从事前、事中和事后三个阶段发挥作用。

应急大数据技术在应急管理的事前阶段应用主要为灾害预防做好充分准备，包含精准的公众防灾知识宣传、数字应急预案体系建设、危险识别与监测、应急演练与培训、全天候安全监控、优化应急避难场所、优化基础设施等。

事中阶段是应急管理中最为重要的一环，大数据技术在其中的应用能够快速促进事中响应的顺利开展，从而有效地控制突发事件向恶性发展，最大限度降低突发事件带来的损失。因此大数据技术的应用可以提升应急响应的效率，有效实现对突发事件的精准处理。

事后阶段应用大数据，对真实数据信息进行合理的分析，有助于加快灾后重建恢复工作，保障决策的科学性和正确性，使得突发事件的处理措施符合区域环境的要求，更加符合人民群众的要求，有效降低突发事件所造成的不良影响，有效控制社会公共财产浪费程度，建立并健全相关管控机制，对管理机制进行优化，提高人民群众对政府管理部门处理紧急事件的满意度。

第 2 章

1. 如何理解应急云计算？

答：云计算技术的出现为应急管理提供了新思路，成为最有效的应急管理辅助手段。在应急管理中借鉴云计算的核心思想、关键技术和运行模式，可以有效提高应急管理信息的处理效率和安全性。为应急场景、应急过程提供服务的云计算叫作应急云计算。

2. 应急云计算有哪几种类型？每种类型具备怎样的能力？

答：应急云计算的类型可分为三种，分别是应急基础设施即应急服务、应急云平台即应急服务和应急云软件即应急服务。

（1）应急基础设施即应急服务（IaaS）。在虚拟化技术的支持下，应急 IaaS 层可以实现硬件资源的共享使用和按需分配，创建虚拟的计算、存储中心，使其能够把计算单元、存储器、I/O 设备、带宽等计算机基础设施集中起来，成为一个虚拟的资源池，对应急管理与应用提供服务。

（2）应急云平台即应急服务（PaaS）。按照应急管理的要求，云计算平台需要具备存储与处理海量数据的能力，要求具有高速的计算能力和传输能力，用于支撑上层软件所需要的各种应用。

（3）应急云软件即应急服务（SaaS）。应急云计算要求应急硬件资源和软件资源能够更好地被共享，并具有良好的伸缩性，任何一个用户都能够按照自己的需求进行定制使用而不影响其他用户的使用。

3. 应急云计算技术有哪些特点？

答：可伸缩性、自适应性、功能与数据分离、高重用性、专业性、低成本。

4. 云计算的体系结构主要包括哪些部分？它们各自的功能是什么？

答：应急云计算体系结构大致可分为四层：物理资源层、应急资源池层、应急管理中间件层和 SOA 构建层。

（1）物理资源层包括计算机、存储器、应急网络设施、应急数据库和应急服务软件等。

（2）应急资源池层是将大量相同类型的资源构成同构或接近同构的资源池，如应急计算资源池、应急数据资源池等。构建应急资源池主要是对物理资源的集成和管理工作。

（3）应急管理中间件层负责对云计算的资源进行管理，并对众多应用任务进行调度，使资源能够高效、安全地为应用提供服务。

（4）SOA 构建层将云计算能力封装成标准的 Web Services 服务，并纳入到 SOA 体系进行管理和使用，包括服务注册、查找、访问和构建服务工作流等。

管理中间件和资源池层是云计算技术的最关键部分，SOA 构建层的功能更多地依靠外部设施提供。

5. 应急云计算层次结构由哪几部分组成？每一部分的主要功能是什么？

答：（1）访问层。确保用户可以顺利登录主要技术。

（2）应用接口层。依照云存储运营单位不同或依据实际业务不同开发并且使用多种多样的服务接口。

（3）基础管理层。辅助云存储系统提供相应的集群技术和网络计算技术。

（4）存储层。设备众多，分布在众多领域，实现数据信息全面存储。

6. 应急云计算技术领域目前还存在哪些问题？未来的发展趋势体现在哪些方面？

答：虽然云计算在应急管理的各个阶段得到了广泛的运用，但是在现有的产品中也存在许多问题。

（1）信息化基础薄弱，安全可靠性差。

（2）资源缺乏有效整合，信息孤岛现象严重。

（3）智能化程度较低，缺乏数据分析能力。

云计算技术在应急系统中的应用已经普及，而信息化作为当前创新社会治理方式的重要物质基础和必由之路，推动并更新建设内容尤为重要。信息化手段的设计运用，不仅将常态化的城市网格模式与应急管理内容融为一体，更在依托社会资源的基础上，将应急管理平台在横向和纵向维度上进行双重设计，通过深入整合应急管理的网格化碎片，有效支撑起了各管理部门的网络化互联,保障了公共安全应急管理内容的精细化和范围的全覆盖。鉴于公共安全事件的突发性和多变性，如何利用云计算技术并有效融入应急管理之中，如何在预警预测和精确处置内容上进行调适完善，仍需不断探索。

第 3 章

1. 简要概述我国的物联网技术发展现状。

答：2009 年，时任国务院总理温家宝在无锡考察时就提出了"感知中国"概念，指出我国应加快传感网技术的发展，努力突破核心技术，同年又明确提出"要着力突破传感网、物联网的关键技术"，这在我国物联网技术发展史上属于里程碑式事件。2010年的《政府工作报告》中，正式将"加快物联网的研发应用"上升到新兴战略性重点发展产业，意味着物联网技术上升到国家发展战略层面。

2. 物联网和互联网的区别与联系有哪些？

答：物联网是一种物与物相连，并且能够相互传递信息的网络，通过射频识别（RFID）、全球定位系统、GIS、激光扫描器等信息传感设备，按照约定的协议，把物品与互联网相连接，并进行信息交换和通信，以实现智能化识别、定位、跟踪、监控和管理的一种网络。物联网是物与物相连的网络，物联网的对象是物品，互联网是实现物联网的网络基础。物联网技术具有互联网的特点，通过网络间的各种协议传输信息。

3. 物联网技术主要包括哪些关键内容？

答：（1）射频识别技术。射频识别技术作为智慧物联网中核心的技术之一，实质上是一种电子标签。射频识别技术借助于符号计算，可自动识别对象，并对采集的信息进行标识和储存，也可完成初步的信息管理和登记。

（2）传感器技术。在智能物联网技术框架下，以传感器为节点构成无线通信网络，并使用多个传感器构成的感知协作系统，可实现某一区域内的对象搜索。无线传感技术主要的功能包括数据的采集及量化、数据的处理和融合、数据的应用和传递三个部分。

（3）隐私保护技术。数据安全和隐私保护日益成为互联网框架下客户最重视问题之一，如何有效地保护接入信息的安全是实现智能物联网的一个重要前提。

（4）中间件技术。物联网技术能够实现人与物之间的连接，必须忽略和隐藏上层技术，开发出具有广泛适用性的中间件，利用中间件可隐藏和忽略下层技术的复杂性。

4. 试列举物联网技术在应急救援工作中的实际应用案例。

答：（1）利用红外传感器技术快速测量体温。

（2）搭建地震预警系统。

（3）利用RFID标签技术在灾区进行信息收集与传播。

（4）实现火情自动应急救援。

5. 简要说明应急物联网的本质特点，并列举出它在应急管理领域的应用场景。

答：应急物联网可以实现全应急要素的实时监测与智能化处理，利用成熟的传感器技术，结合应急云计算和智能机器人对数据信息的实时收集、传输和共享，构建一个涵盖事前预警、事中处置与事后备查的服务型智能物联网监测预警处理平台。其本质是通过实时监测、主动监管与有效处置相结合，实现由被动管理方式向主动应急管理方式转变，最大化降低灾害损失和减少人员伤亡。

应急物联网在应急管理领域的应用前景：智能应急物联网监测预警平台、在线感知、自动预警报警、智能分析、指挥调度、现场救援。

6. 如何理解应急物联网？

答：应急物联网可以实现全应急要素的实时监测与智能化处理，利用成熟的传感器技术，结合应急云计算和智能机器人对数据信息的实时收集、传输和共享，构建一个涵盖事前预警、事中处置与事后备查的服务型智能物联网监测预警处理平台。其本质是通过实时监测、主动监管与有效处置相结合，实现由被动管理方式向主动应急管理方式转变，最大化降低灾害损失和减少人员伤亡。应急物联网使得应急监测工作更加一体化、综合化，RFID、GIS、GPS、扫描器、监控摄像等技术和装置的运用，使应急监测结果逐步向数字化、智能化、可视化方向发展，使应急需要的情景信息更齐全、更明了、更实时，为决策者提供更加翔实的信息，有利于指挥者寻找最优的调度资源策略和方案。

7. 应急物联网系统由哪几部分组成，并简要说明它们各自的功能。

答：应急物联网系统架构可以分为应急数据感知层、物联网网络层和物联网应用层。

（1）应急数据感知层：负责对应急相关的信息进行采集和相互之间的信息传输，通过应急相关技术和设备完成信息采集，并通过信息传输技术实现传感器网络内部的信息交换。信息感知层是实现物联网全面感知的核心能力，属于应急物联网中的关键技术，需要具有更精确、更全面的感知能力。

（2）物联网网络层：利用无线和有线网络对采集的数据进行编码、认证和传输，其中宽带网络、移动通信网络、微波通信等是实现物联网的基础设施，在物联网三层结构中属于标准化程度最高、产业化能力最强、技术最成熟的部分，开放程度最高。

（3）物联网应用层：提供丰富的基于物联网的应急服务应用，是应急物联网发展的根本目标。按照灾害性质、种类的不同，应急物联网提供的服务也不一样，如面向自然灾害的预警预报服务、面向生产安全的监控报警服务、面向气象灾害的报警服务等，最大化地降低灾害影响。

第 4 章

1. 何谓应急通信？

答：所谓应急通信，是指在出现自然或人为的突发性紧急情况时，综合利用各种通信资源，以保障及时救援、紧急救助和信息交流的必要信息传递手段，是一种具有暂时性的、为应对自然或人为紧急情况而提供的特殊通信机制。

2. 应急通信技术有哪些类型？

答：应急通信技术可分为三类：有线应急通信技术、无线应急通信技术和混合应急通信技术。

3. 在突发性灾害或事故的应对和处置中，如何做好应急通信技术保障工作？

答：1）建立健全应急通信的法规政策

首先，相关人员应对通话权限进行一定的管制，确保紧急事件情况下通信系统的畅通。因为一旦通信网络出现问题，便难以在短时间内恢复正常，所以为了能够快速地建立起相应的应急指挥平台，更好地完成相应的任务，便需要为相关人员的应急指挥通信提供较多的便利。其次，在进行应急救援工作时，相关人员应尽快寻找到受灾群众的位置，从而尽最大努力降低受灾群众发生危险的可能性。而移动终端的发展与普及，使得这一项工作变得更加简洁。

2）优化并完善应急通信的管理机制

政府需要对应急通信管理机制进行完善。首先，政府需要树立起各部门之间的合作意识，加强部门之间的相互合作和相互协调机制，防止因协调出现问题而导致救援不及时的现象发生。这其中，应急部门、交通部门、公安部门及电力部门等关键机构，就需要建立一个良好的沟通机制，在灾难来临时，所有部门应采取应急联动工作，从而减少应急处理措施的时间，提高工作效率，以提高经济效益和社会效益。对于不同的政府部门而言，相关人员应根据部门的工作性质来安排应急通信的保障工作。

3）强化应急通信资源的保障力度

因应急通信的建设过程周期性较长，因此，各种各样的资源及相应的设备均需要进行不断的更新并定期维护，应急队伍需要加强锻炼，相关机构应保证应急通信资源及应急队伍的资金投入力度，保证工作的长效机制，使得应急通信维持稳定、可靠、安全的状态。对于统一选拔出的一些专业素质过硬、运维能力较强的员工，可调配至应急通信系统之中，并对他们进行定期的培训工作，保证每一名应急通信队员都能够做到"平时可用、用时可战"的目标。

4. 当今社会，日益增多的突发事件给现有的通信系统带来极大压力，促使各国重视应急通信技术的发展和革新，试分析应急通信技术未来的发展趋势。

答：（1）建立快速反应的应急通信系统。

（2）大力发展卫星应急通信业务。

（3）产业化是应急通信未来发展的大趋势。

5. 混合应急通信技术的优势有哪些？

答：有线通信技术和无线通信技术各有优缺点，都有继续发展的空间，也在各自的发展轨道上继续前进。当现场有线条件成熟，设备允许的条件下，利用有线通信的优点，传输实时图像、同步音频、视频等，既能够保证传输速度，又具有很好的保密性能。而现场条件不足以支撑有线传输时，无线通信技术更具灵活性，可以随时随地进行通信服务，将二者结合起来，取长补短，就形成有线/无线混合应急通信技术。

6. MESH 自组网的性能特点有哪些？

答：（1）融合通信。（2）多级部署。（3）多种环境下（如地面、水上、空中、高速移动情况）实现有效连接。（4）配备多种天线设置，全向、高增益定向或混合模式，实现信号的高速发射效果。（5）全功能性。（6）兼容性强。

第 5 章

1. 什么是智能应急救援装备？它们主要分为哪几种类型？

答：智能应急救援装备是指将智能技术与传统装备相结合，具有智能化、数字化、精准化、专业化等特点的一类应急救援装备，其能够实现人–环境–任务的高效融合，并具有一定决策能力，从而适应未来"快速、精确、高效"的救援需求。

智能救援装备种类繁多，根据救援环境和用途的不同，可分为以下几项。

（1）空中救援装备。

（2）陆地救援装备。

（3）水下救援装备。

（4）通用救援装备。

2. 应急机器人的基本工作原理是什么？

答：与一般的机器人不同，灾害巡检机器人需要一套灵敏的传感器系统，包括摄像设备、录音设备、数据处理设备、数据传输系统、数据库系统、预警和报警系统、导航系统等，可按照预设路线进行自动巡检工作，也可根据现场指令临时改变行进路线。在巡检过程中机器人通过传感器可采集温度、湿度、光照、重力、距离、压力、红外、声音等信息并将其传送至服务器。服务器接收到数据后对其进行清洗、分析、重组并将整理后的数据发送至客户端展示。与此同时，客户端可通过服务器发送指令信息控制巡检机器人的相关操作，该系统可在两种模式下工作。

3. 搜救机器人的技术特点有哪些？

答：

机器人名称	移动方式	搜索能力	有无机械臂	通信方式	是否参与过救援
TALON	履带式	中	有	无线	是
PackBot	履带式	中	有	无线	是
蛇形机器人	仿蛇运动	强	无	有线	是
Guardian S	仿蛇-履带复合式	强	无	无线	否

4. 应急机器人技术的主要发展趋势有哪些？

答：救援机器人智能化、机器人软硬件冗余化、多机协同救援能力。

5. 地震救援机器人分几类？分别有哪些功能？

答：地震救援机器人主要分为实地检测类与目标营救类两大类。实地检测机器人具备出色的爬坡越障能力，同时装备多种类型的传感器与图像传输装置，能够实时监测废墟内数据变化并回传。目标营救机器人具备遥控功能，对操控指令响应迅速，能够实施精确的救援工作，并且在发生意外情况时自主分析环境，做出正确的决策。

6. 我国救援机器人面临的困境有哪些？

答：首先，核心技术能力有待提升。虽然救援机器人的智能化将使机器人具备准确的自我判断能力、目标认知能力及最优选择能力，但除非是危急情况下能够真正依靠新技术，否则救援工作者不是很信任这些新技术。因此救援机器人必须增加新的能力，或者在执行同样的任务时能胜过人类。其次，专业技术人才短缺。目前，我国机器人专业技术人员，特别是人才基本集中于科研单位和部分高校及大型企事业单位，这样的人才体系构造显然不利于我国救援机器人行业的全面发展，也无法满足我国在救援机器人领域研发的需求。因此，国家需要在政策上予以引导和支持，加快推进相关人才体系的完善。此外，智能化水平较低。虽然目前我国在一些人工智能关键技术，尤其是核心算法方面取得了很大进展，但在人工智能整体发展水平上与发达国家相比仍有一定差距。例如，在高精尖零部件、技术工业、工业设计、大型智能系统、大规模应用系统及基础平台等方面，要真正实现"人机一体"化的自主型的智能机器人的目标，依然需要巨大的投入。

第6章

1. 应急无人机的工作原理是什么？

答：应急无人机是一种通过无线遥控技术和自动控制装置操作的、面向应急领域的无人飞行器，其构造和工作原理与普通无人机几乎没有区别。无人机由飞机机体、动力系统、飞控系统、数据链系统等部分组成，其中飞控系统在整个无人机系统中属于核心。无人机飞行控制系统可以看作飞行器的"大脑",控制着无人机的行为。无人机的各种动作,如飞行、悬停、姿势变化等,通过多种传感器将动作数据传回飞控部分,飞控通过运算和判断下达指令,由执行构造完成动作和飞行姿势的调整。

2. 无人机系统的基本结构主要包括哪几部分?

答:无人机系统的组成可分为地面操控系统和无人机主体系统两大部分,其中地面操控系统可以是一台计算机、手机或专用的操控手柄,主体部分主要包括飞机机体、动力系统、飞控系统、数据链系统等几个部分。

飞机机体是无人机的外观形状和包裹层,可以根据需要设计成多种形状;动力系统是无人机的能量来源,为无人机提供飞行、照明、动作等所需要的动力;飞控系统又称作飞行管理与控制系统,是无人机系统的最核心部分,对无人机的稳定性、数据传输的可靠性、精确度、实时性等都有重要影响,对无人机的飞行性能具有决定性的作用;数据链系统可以保证对遥控指令的准确传输,保证无人机接收和发送信息的实时性和可靠性,保证信息反馈的及时有效和任务的顺利完成。

3. 无人机在应急救援工作中可发挥哪些作用?

答:(1)空中照明;(2)通信中继;(3)抛撒灭火剂;(4)光电吊舱;(5)灾区气体探测;(6)灾区水质检测;(7)空中喊话;(8)运送物资。

4. 按照飞行平台构型,无人机可分为哪几类?并说明各类的特点。

答:按飞行平台构型分类,无人机可分为无人直升机、固定翼无人机、旋翼无人机、无人飞艇、伞翼无人机和扑翼无人机等。

无人直升机靠一个或两个主旋翼提供升力。如果只有一个主旋翼的话,还必须要有一个小的尾翼抵消主旋翼产生的自旋力。特点是可以垂直起降,续航时间和载荷比中庸。结构较复杂,操控难度较大。

固定翼无人机的机翼固定不变,靠流过机翼的风提供升力。特点是续航时间长、飞行效率高、载荷大。起飞时需要助跑,降落时要滑行。

旋翼无人机由多组动力系统组成飞行平台,常见的有四旋翼、六旋翼、八旋翼,甚至更多旋翼组成。特点是结构简单,动力系统只需要电机直接连桨即可,能垂直起降,缺点是续航时间短,载荷小。

无人飞艇是一种轻于空气的航空器,用来空中监视、巡逻、中继通信及空中广告飞行、任务搭载试验、电力架线,其应用范围非常广泛。特点是具有推进和控制飞行状态的装置。

伞翼无人机是一种用柔性伞翼代替刚性机翼的飞机,伞翼主要为三角形。伞翼可收叠存放,张开后利用迎面气流产生升力而升空。特点是起飞和着陆滑跑距离短,只需百米左右的跑道,常用于运输、通信、侦察、勘探和科学考察等。

扑翼无人机利用不稳定气流的空气动力学,以及利用肌肉一样的驱动器代替电动机,可以探测核生化污染、搜寻灾难幸存者、监视犯罪团伙等。特点是具有可变形的小型翼翅。

5. 应急无人机具有哪些优势?

答:应急无人机的优势主要包括:(1)机动灵活;(2)快速响应;(3)作业能力强;(4)易于操控;(5)视野全面;(6)运行成本低;(7)安全可靠。

6. 应急无人机未来的发展趋势主要体现在哪些方面?

答:更加智能化、协同性更强、续航时间更长、新型复合材料的应用、管理规范化。

第7章

1. 应急3S技术具体是指什么？它们各自的功能是什么？

答：应急 3S 技术是指：将遥感技术、地理信息系统和全球定位系统特定的用于应急管理中的统称，是空间技术、传感器技术、卫星定位与导航技术和计算机技术、通信技术相结合，多学科高度集成的对空间信息进行采集、处理、管理、分析、表达、传播和应用的现代应急信息技术。

（1）遥感技术。指从高空或外层空间接收来自地球表层各类地物的电磁波信息，并通过对这些信息进行扫描、摄影、传输和处理，从而对地表各类地物和现象进行远距离控测及识别的现代综合技术。

（2）地理信息系统。由计算机硬件、软件和不同的方法组成的系统，该系统设计用来支持空间数据的采集、管理、处理、分析、建模和显示，以便解决复杂的规划和管理问题。

（3）全球定位系统。是一种以人造地球卫星为基础的高精度无线电导航的定位系统，它在全球任何地方及近地空间都能够提供准确的地理位置、车行速度及精确的时间信息。

2. 遥感技术有哪些主要特点？

答：遥感作为一门对地观测综合性技术，它的出现和发展既是人们认识和探索自然界的客观需要，更有其他技术手段无法与之比拟的特点。遥感技术的特点归结起来主要有以下几个方面。

（1）可获取大范围的数据资料。

（2）可获取灾区的高精度图像资料。

（3）获取灾区信息的速度快、周期短。

（4）获取信息的手段多，信息量大。

（5）获取信息受条件限制少。

3. 全球定位系统的工作原理是什么？

答：根据差分 GPS 基准站发送的信息方式可将差分 GPS 定位分为三类，即位置差分、伪距差分和载波相位差分。这三类差分方式的工作原理是相同的，即都是由基准站发送改正数据，由用户站接收并对其测量结果进行改正，以获得精确的定位结果。所不同的是，发送改正数据的具体内容不一样，其差分定位精度也不同。

4. 根据突发事件的各个应急阶段，分析3S技术在应急救援工作中可发挥什么样的作用？

答：目前，在美、英、日、德等多个国家和地区的许多城市中，以 3S 为支撑技术建立的应急系统已经变成城市管理中一个不可或缺的组成部分，甚至成为显示城市管理水平的标志性工程。在重大自然灾害的风险评估及监测评估，以及突发重大公共卫生事件的应急管理中也得到了良好的应用。

5. GIS 在防灾减灾和应急管理领域的应用有哪些？

答：（1）区域防灾规划：按照我国《防震减灾法》的规定，城市规划要进行防灾减灾、应急救援和应急管理等方面的规划。

（2）应急设施布局优化：基于区域防灾规划成果与需求概况，进行应急物资储备、粮食供应储备、电力设备等设施的优化布局，将极大地提升灾后有效承担应急功能的保障水平。

163

（3）灾情快速评估：灾情快速评估是衡量应急救援响应效率与应急管理能力的主要指标。

（4）面向应急服务的基础设施管理和生命线分析：利用 GIS 进行应急基础设施规划、运行状态监测与管理，可以大大提高建设工作效率。

（5）应急处置响应：在灾害事故发生或孕育过程中，监测预警系统在监测到异常值后确定启动相应等级和相应灾害类型的应急响应，值守机构将灾害基本信息进行 GIS 定位，启动预评估系统获取预评估报告，然后通知决策者、专家队伍处于应急或到岗状态，经决策者核定判断后启动应急预案，调配区内或区域物资、救援队伍与救援设施到达现场，并进行处置救援，将后续处置结果及时入库与反馈。

6. 应急地理信息系统的主要功能有哪些？

答：包含空间或地理信息基础功能与高级分析处理功能。其中，基本功能包括对灾区数据的采集、管理、处理、分析和输出等。在此基础上，利用空间分析技术、模型分析技术、大数据技术和数据库集成技术等，实现更高级的应急管理服务功能，满足应急管理需要。

参 考 文 献

[1] 张海波. 大数据在应急管理中的应用[N]. 中国社会科学报，2019-02-20（007）.

[2] 岳向华，林毓铭，许明辉. 大数据在政府应急管理中的应用[J]. 电子政务，2016（10）：88–96.

[3] GINSBERG，MOHEBBI，PATEL，etal. Detecting influenza epidemics using search engine query data[J]. Nature，2009（457）：1012–1014.

[4] 刘浩，文广超，谢洪波，等. 大数据背景下矿井水害案例库系统建设[J]. 工矿自动化，2017，43（1）：69–73.

[5] 佟德志，林锦涛. 基于大数据的应急治理创新：模式、优势与困境[J]. 中央社会主义学院学报，2021（1）：186–196.

[6] 杨波丽. 大数据在应急管理中的应用[J]. 中国管理信息化，2018，21（23）：81–82.

[7] 鲁钰雯，翟国方. 人工智能技术在城市灾害风险管理中的应用与探索[J]. 国际城市规划，2021，36（2）：22–31.

[8] 陈香，沈金瑞，陈静. 灾损度指数法在灾害经济损失评估中的应用：以福建台风灾害经济损失趋势分析为例[J]. 灾害学，2007（2）：31–35.

[9] 孟晓哲，冯领香. 防震减灾中物联网技术的应用研究[J]. 世界地震工程，2014，30（2）：129–133.

[10] 吴红亚，郇战，顾卫杰，等. 物联网技术在地震受困人员应急搜救中的应用研究[J]. 地震工程学报，2019，41（3）：788–792.

[11] 张少利. 基于3S技术的突发公共事件应急处理与指挥系统[D]. 成都：电子科技大学，2014.

[12] 曲来超，袁占良，王志龙，等. 3S技术在堰塞湖应急治理中的应用研究[J]. 测绘与空间地理信息，2009，32（1）：117–119.

[13] 李纪人，黄诗峰. 空间信息技术是防洪减灾现代化的基础[J]. 测绘科学，2005（1）：63–65.

[14] 甄林锋，高霖，陈於立. GIS技术在智慧应急中的应用[J]. 中国应急救援，2015（5）：48–51.

[15] 刘志东，马龙. 应急指挥信息系统设计[M]. 北京：电子工业出版社，2009.

[16] 黄露，谢忠，罗显刚. 3S技术在突发地质灾害应急管理中的应用[J]. 测绘科学，2016，41（11）：56–60.

[17] 李剑萍. 3S技术在灾害监测预测中的应用及展望[J]. 灾害学，2004（S1）：83–87.